JN099564

Minerva Shobo Librairie

ブランド弱者の戦略

インターナル・ブランディングの理論と実践

徐 誠敏/李 美善

[著]

ミネルヴァ書房

ま え が き

　Apple, Google, Amazon のようなグローバル・ブランドを有する企業の原点は，小規模な企業や個人企業家が創り出し育てたベンチャー企業や中小企業のブランドである。この3社は，自社ブランドの認知度がきわめて低いブランド弱者から出発したといえる。これらブランド弱者がブランド強者へと成長発展し続けることができた原動力には，大きな2つの戦略的要因がある。第1の要因は，強力なリーダーシップである。自社独自のブランド理念とブランド・ビジョンの重要性に対する経営トップの明確な理解と深い関与，またそれらを組織内に共有・浸透させることを後押しするのがリーダーシップである。ブランド弱者がエクスターナル・ブランディングや戦略的インターナル・ブランディングを推し進めるうえで必要不可欠な要素であり，変革を成功させるための大前提である。第2の要因は，自社ブランドの存在価値と存在意義をはじめとした潜在的可能性を創造的な企業・製品・サービスに変換・活用できる組織力と，その可能性を高める戦略的かつ組織的な取り組みである。これが本書で取り上げる戦略的インターナル・ブランディングに近い全社的取り組みであったと推測できる。

　経営トップとして3社の企業家が最も注力したのは，自社独自のブランド理念とブランド・ビジョンの持つ意味から，全社員が創造的に学び・考えること，そして顧客をはじめとする外部のステークホルダーに自発的かつ積極的にそれらを体現することである。この3社は，上記の取り組みを徹底的に実践した結果，危機に強く時代と市場の変化に対応すると共に，自社ブランドに相応しい創造性を生み出す「ブランド創発型企業（Brand-In-

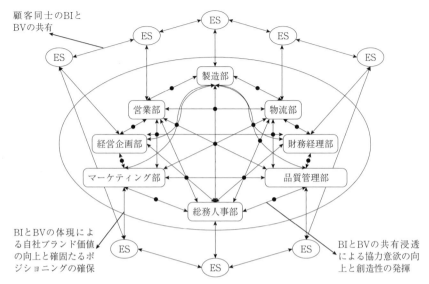

顧客同士のBIと
BVの共有

BIとBVの体現によ
る自社ブランド価値
の向上と確固たるポ
ジショニングの確保

BIとBVの共有浸透
による協力意欲の向
上と創造性の発揮

図1　「ブランド創発型企業」の好循環づくりプロセス
（注）　BI（Brand Ideal），BV（Brand Vision），ES（External Stakeholder）。
　　　　●（創発的な学びの場），↔（リアルの場とバーチャルの場における相互作用）。
（出所）　筆者作成。

spired Company）」として成長発展することができたのである。

　本書の目的は，ブランド弱者が「ブランド創発型企業」を構築し，強化
するために，戦略的インターナル・ブランディングを通して生み出される
好循環の深層的なプロセスとメカニズムを解明することである（図1参照）。
すなわち，ブランド弱者が，戦略的インターナル・ブランディングによる
部門横断的な連携やコミュニケーションを通して，全社員に自社独自のブ
ランド理念とブランド・ビジョンが持つ意味を理解してもらうことである。
そのことから，社員の意欲を向上させると共に，創造性の発揮を促す仕組
みを提示する。

　また，本書では，このような戦略的かつ組織的な取り組みを可能にする
ために，上記の3社のように創発的な学びの場のマネジメントを通して，

自社独自のブランド理念とブランド・ビジョンの意味を学び取れる仕組みや取り組みの方向性を示す。そして，全社員が外部のステークホルダーに対して自社独自のブランド理念とブランド・ビジョンを自主的かつ自発的に体現することで，自社らしい創造性の実現を促す，実践的な取り組みおよび組織づくりの解明を目指す。

　さらに，本書では，戦略的インターナル・ブランディングの概念に関する理論の整理をはじめ，日本の中小企業の先進的な事例の分析と，これまでに行った日本の中小企業の経営者・ブランディングの専門家とのインタビュー調査から得られた知見をもとに，実践的な取り組みの結果を明示する。とりわけ，第6章には，新型コロナウイルス感染拡大の影響により，多くの日本企業がDX（デジタル・トランスフォーメーション）推進の一環として取り組んでいるテレワークの運用におけるICT（情報通信技術）を活用した戦略的インターナル・ブランディングの実行の有効性とその促進要因についても提示した。

　本書が活用される，具体的な領域は，次の通りである。

①組織的コミュニケーション，インターナル・ブランディングに関する研究を行う研究者に，理論的かつ実践的な枠組みや仕組み，戦略的取り組み，新たなあり方の提示と活用
②中堅・中小企業の経営者と経営幹部をはじめとする社員への戦略的インターナル・ブランディングに関する知識の修得と実践
③インターナル・ブランディングに関心を持つ中堅・中小企業の社内研修会のテキストとしての活用
④インターナル・ブランディングの支援に携わる専門家やコンサルタントをはじめ，それに関する講座の受講生のテキストとして活用
⑤大学のマーケティング論の教科書として活用

また，本書が既存のインターナル・ブランディングに関する本と差別化できる点は，以下の通りである。

① 欧米の先行研究を通して，日本において初めて中小企業のブランディングの取り組みや課題，インターナル・ブランディングに関する定義と仕組み，取り組みなどを体系的に整理している点
② 専門書でありつつも，インターナル・ブランディングの実践に適用可能なさまざまなプロセス，仕組み，先進的な中小企業の取り組み事例について言及している点
③ リーダーシップ論と企業変革論，人的資源管理論，組織的知識創造論，ソーシャル・キャピタル論などといった多角的な視点から包括的に捉えている点
④ 企業内でインターナル・ブランディングを戦略的かつ組織的に実行できる人材を育成する際に指針書として活用できる点

　そのため，まず，中小企業の経営トップや経営幹部をはじめ，マーケティングと経営企画，人事などに携わる中間管理職に該当する責任者の方々に，本書を必ず読んで頂きたい。中小企業のさまざまな経営活動の実行における意思決定権を持つ者の十分な理解や認識がない限り，これらの実現は不可能だからである。さらに，本書は，このような実践的アプローチの活用だけではなく，戦略的インターナル・ブランディングに関する理論的アプローチを用いて，その概念と活用範囲の拡大をはじめ，各分野の境を超えた学際的な研究の発展に役立つことを期待したい。そのため，本書をこの分野の研究を行う研究者，大学教員または大学院生にもおすすめしたい。

2021年12月

徐　誠敏・李　美善

ブランド弱者の戦略

目　次

まえがき

序　章
なぜ中小企業に焦点を当てたのか

　これまで中小企業[(1)]のマーケティングに関する多くの先行研究（Carson 1990；Carson et al. 1995）では，ブランディングについてあまり言及されていない。また，中小企業のブランディングに関する研究も，研究者からあまり注目されていないのが現状である（Abimbola & Vallaster 2007；Krake 2005；Wong & Merrilees 2005；Mowle & Merrilees 2005；Inskip 2004）。ブランディングに関する先行研究は，主に大企業を対象としており，ブランディングは大企業の経営上の重要な問題として論じられている（Aaker 1991, 1996, 2004, 2014；Aaker & Keller 1993；Davis 2000；Davis & Dunn 2002；Keller 1998, 2003）からである。多くの研究では，ブランディングを中小企業の経営上の問題として，ほとんど考慮していないのである。その原因を企業側からみると，本書でいうブランディングの実行における中小企業に特有の弱点と制約条件が挙げられる。また，その原因を研究者側からみると，グローバルな事業展開を行う大企業のブランディングの成功事例に関する先行研究が多いため，分析も成果も出しやすい点が考えられる。さらに，インターナル・ブランディング[(2)]に関する先行研究においては，中小企業を対象とした研究は皆無に近い。

　本書では，通常，大企業に比べ，ブランド弱者になりやすい中小企業に焦点を当てつつ，戦略的インターナル・ブランディングの重要性やその戦略的活用方法，先進的な取り組み事例などを紹介する。中小企業に焦点を

当てた最も大きな理由としては，中小企業は国の雇用創出と輸出実績において重要な役割を果たしており，国内総生産（GDP）の成長率や経済発展においても大いに貢献している（Culkin & Smith 2000；Muhammad et al. 2010）ことが挙げられる。とりわけ，日本経済を支えている中小企業の場合は，企業数の99.7％，全従業員数の70.1％という高い割合を占めており，地方圏に立地する企業に限ると，その割合はさらに高い（中小企業庁ウェブサイト）。さらに，全世界の企業の95％以上が中小企業に分類されている（Spence & Essoussi 2010）。こうした観点から本書には，「中小企業は国の国際競争力の向上に欠かせない成長エンジンであり，その持続的な競争優位の源泉の1つが自社独自のブランドづくりである」（徐・李 2018）という考えが根底にある。

　中小企業に焦点を当てるもう1つの理由は，サラリーマン型経営者が率いる大企業に比べて，中小企業の多くは，創業型経営者のオーナーシップによる強力なリーダーシップの発揮が容易だという点である。

　また，社員数が少ないため，組織の機動力が高いという点も挙げられる。エクスターナル・ブランディングや戦略的インターナル・ブランディングの重要性に対する中小企業の経営トップの明確な理解・認識と深い関与があれば，迅速な意思決定を実行することができる。そのためには，社員への十分な権限移譲も伴わなければならない。上記の条件が揃えば，中長期的な視点から，エクスターナル・ブランディングや戦略的インターナル・ブランディングを社内で推し進めることが容易になる。中小企業こそ，戦略的インターナル・ブランディングを行わなければならない。これには，「鉄は熱いうちに打て」の言葉が持つ意味と相通ずるものがある。

　組織に対する純粋な熱意や柔軟性がある，つまり組織の機動力があるうちに，自社独自のブランド理念やブランド・ビジョンを全社員に十分に理解・共感・共有してもらわなければならないのである[3]。このような取り組

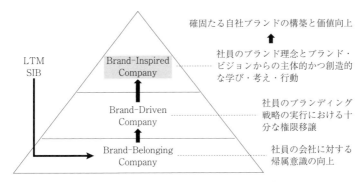

図序-1　「ブランド創発型企業」に至る3つの段階
(注)　LTM（Leadership of Top Management）, SIB（Strategic Internal Branding）。
(出所)　徐・李（2016：23, 2018：19）をもとに筆者作成。

みを実現させるための大きな推進力の1つが，部門横断的な連携や社内コ
ミュニケーションを用いた戦略的インターナル・ブランディングである。
　中小企業が「ブランド創発型企業」となるためには，経営トップの強力
なリーダーシップとコミュニケーション能力が欠かせない。また，「ブラ
ンド創発型企業」づくりや戦略的インターナル・ブランディングの重要性
に対する経営トップの明確な理解・認識と深い関与なしでは，中長期的な
視点から自社ブランドの構築と価値向上も望めない（徐・李 2016, 2018,
2019a, 2019b, 2019c）。さらに，中小企業は「ブランド創発型企業」に至る
まで，図序-1で示されているように，3つの段階を経て成長しなければ
ならない。まず，第1ステップでは，会社への帰属意識（Brand-Belonging）
を高めるために，心理的安全性を確保すると同時に，自社独自のブランド
理念とブランド・ビジョンを明確化し，それらをわかりやすく伝えられる
ように，社員に積極的に働きかけることである。つづく第2ステップでは，
エクスターナル・ブランディングや戦略的インターナル・ブランディング
の実行における重要な意思決定に関わるよう，各部門の社員には十分な権
限を与えることである。これら2つのステップを段階的に踏むことで，そ

れぞれの問題を解決しない限り，「ブランド創発型企業」をつくるのは不可能である。

　最後に，第3ステップでは，エクスターナル・ブランディングや戦略的インターナル・ブランディングの根幹となる自社独自のブランド理念とブランド・ビジョンを経営トップが明確にし，そこから全社員が強い刺激や共感を得られるように集中的かつ継続的に働きかけなければならない。それと同時に，さまざまな取り組みを通して，多くの社員が，創造的かつ画期的なアイデアやインスピレーション，ブランド構築プログラムを社内で実行できるように，全面的な後押しをすることもきわめて重要である。その結果，企業は，自社独自のブランド理念とブランド・ビジョンが持つ意味や本質を外部の多様なステークホルダーに対して体現し伝えることができるようになる。たとえば，①マーケティングに携わる社員は，顧客・株主・投資家に対して，自社独自のブランド理念とブランド・ビジョンに即した良質な製品・サービスの提供とそのメリットに関する情報の伝達を可能にすること。②経営企画・広報に携わる社員は，自社独自のブランド理念とブランド・ビジョンに即した形で顧客・株主・投資家の潜在的なニーズを満たすことで，顧客価値を生み出した成功事例を伝え共感させることで，自社ブランドの認知度や企業評判の向上を可能にすること。①と②の働きにより，顧客・株主・投資家に対して，自社ブランドの独自性や世界観への共感を可能にすることが挙げられる。

　それゆえ，「ブランド創発型企業」を目指すには，社員一人ひとりが，自社独自のブランド理念とブランド・ビジョンが持つ意味から創造的に学び取り，それらを戦略的に考え，一貫した行動へつなげることが必要不可欠である。また，このような戦略的かつ組織的な取り組みを実現させるためには，まず，自社独自のブランド理念とブランド・ビジョンを社内全体で共有・浸透させるための組織，すなわち，自社ブランド推進プロジェク

ト・チーム⁽⁵⁾（以下，プロジェクト・チームと表記）をつくることがきわめて重要である。さらに，このプロジェクト・チームは，多くの社員に働きかけ，自分ゴト化を促すべきである（図序-2参照）。このような取り組みを推進するためには，戦略的インターナル・ブランディングを企業変革の一環として位置づけると同時に，その必要性と重要性に対する経営トップの明確な理解と深い関与，強力な支援が必要不可欠なのである。

また，中小企業にとっては「ブランド創発型企業」を構築するために，顧客や消費者のような外部のステークホルダーだけではなく，あらゆる部門の社員のような内部のステークホルダーとのコミュニケーションもきわめて重要である。なぜなら，図序-3で

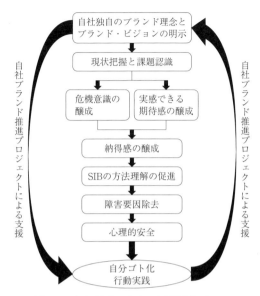

図序-2　自分ゴト化における心理的変化プロセス
(注)　SIB（Strategic Internal Branding）。
(出所)　(株)イマージェンスの「心理パス」をもとに筆者作成。

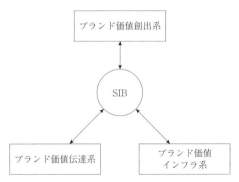

図序-3　社員の3つの重要な役割
(注)　SIB（Strategic Internal Branding）。
(出所)　徐（2010a：260）と徐・李（2018：23）をもとに筆者作成。

示されているように，社員は戦略的インターナル・ブランディングを実

5

行・強化するために，次のような3つの重要な役割を果たしているからである（徐 2008b, 2010a；徐・李 2016, 2018）。

①ブランド価値創造の源となる役割（製品研究開発，生産・製造，デザインなど）

②ブランド価値を多様なステークホルダーに伝える役割（広告，広報，営業，マーケティング，ブランディングなど）

③ブランド価値の創造と伝達のための中核となる基盤を生み出す役割（人材の採用と育成，全社員の自社独自のブランド理念とブランド・ビジョンへの共有浸透，社員同士と部門間の信頼関係形成，仕事へのモチベーションなど）

このような視点からみると，「ブランド創発型企業」には，「強いブランドは組織内部から構築される」（Aaker 2014）と「社員の知恵とエネルギーが企業成長の源泉であると考える人本主義[6]」（伊丹 1987）の考えが根底にあるといえる。

注

(1) ここでいう中小企業とは，「中小企業基本法において定められており，製造業の場合は資本金3億円以下または従業者数は300人以下，卸売業の場合は資本金1億円以下または従業者数は100人以下，サービス業の場合は資本金5千万円以下または従業者数100人以下，小売業の場合は資本金5千万円以下または従業者数50人以下の企業」を指す（中小企業庁のウェブサイトより）。一般的な中小企業の規模は，上記の中小企業庁による定義と同じであるが，本書でいう「ブランド創発型企業」や戦略的インターナル・ブランディングが実行可能な企業は，50人から300人程度を持つ中小企業をイメージしていただきたい。

(2) ここでいうインターナル・ブランディングとは，「自社独自のブランド理念とブランド・ビジョンを中長期的な視点から，部門横断的な連携やコミュニケーションを通して，外部のステークホルダーに対して自発的に体現するよう全社員に理解・

　　共感・共有してもらうために，全社的に取り組む諸活動」を指す。詳細な内容については，第3章と第4章を参照されたい。

⑶　無論，必ずしもすべての中小企業の創業年齢が若いとは限らないが，創業して間もない中小企業や小規模企業，ベンチャー企業などをイメージしながら考えると良いだろう。

⑷　ここでいうリーダーシップとは，「組織目的をより効果的に達成するために，リーダーがフォロワー（組織構成員）に対して行使していく対人影響力」を指す（清水　1983：3）。

⑸　ここでいう自社ブランド推進プロジェクト・チームとは，「中長期的な視点に立ち，外部のブランディングの専門家を迎え入れ，企業内部の次世代経営幹部や各部門のリーダー候補を部門横断的に結成する組織」を指す（徐・李　2020b：27）。

⑹　ここでいう「人本主義」とは，資本主義に対照する意味で伊丹（1987）が作った造語であり，ヒトが経済活動の最も本源的かつ稀少な資源であることを強調している。また，それは，その資源の提供者たちのネットワークのあり方に企業システムの編成のあり方の基本を求めようとする考え方である。詳細な内容については，伊丹（1987）を参照されたい。

第Ⅰ部　理論×戦略

第1章
ブランド弱者の負の連鎖

1 中小企業における「負の連鎖」と「ブランド・バリア」

　既述の通り，中小企業のブランディングに関する研究はこれまで多くの研究者からあまり注目されていないのが現状であるが，徐・李（2018,2019a）は，ブランド弱者である中小企業がブランディング戦略への投資における意思決定やその実行の際に，図1－1のような5つの阻害要因に直面すると，「負の連鎖」に陥ってしまうと強調している。

　第1の阻害要因としては，ブランディングの重要性に対する経営トップの不十分な理解により，ブランディングを経営の重点戦略として位置づけることなく，自社の潜在的な内部の経営資源を十分に活用できないという点である。

　第2の阻害要因としては，顧客（B2BとB2C）間において自社ブランドの知名度と認知度の低さにより，市場において実際の価値より低い評価を受け続けるというディスカウント現象に陥ってしまうという点である。

　第3の阻害要因としては，自社ブランドの知名度と認知度の低さにより，マーケティング力やブランディング力を高める経営資源と，それらに関する専門知識と実践力を兼ね備えた優秀な人材を確保できないという点である。

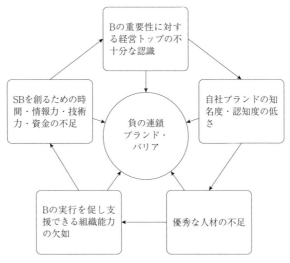

図1-1　ブランド弱者がもたらす「負の連鎖」
（注）　B（Branding），SB（Strong Brand）。
（出所）　徐・李（2019b：10）。

　第4の阻害要因としては，優秀な人材の不足により，ブランディングを
体系的かつ組織的に行い，自社ブランド価値を戦略的にマネジメントしそ
の価値を向上させられるような能力が大企業に比べると相対的に弱いとい
う点である。

　第5の阻害要因としては，ブランディングの実行における財政および時
間の限界により，革新的な製品開発への投資ができず，強いブランドを創
るための情報力と技術力が不足するという点である。Wong ＆ Merrilees
（2005）は，中小企業のブランディング戦略の実行に大きな困難をもたらす
おそれがあるすべての状況を「ブランド・バリア」と呼んでいる。また，
中小企業が組織内において戦略的インターナル・ブランディングを推し進
める際にも，「負の連鎖」や「ブランド・バリア」に直面する可能性が高
い。

2　中小企業のブランディング戦略の実行における阻害要因

　ブランディングは企業のブランド価値の向上と業績に多大なる影響を与える（Aaker 1991, 1996, 2004, 2014；Aaker & Joachimsthaler 2000；Aaker & Keller 1993；Davis 2000；Davis & Dunn 2002；Keller 1998, 2003）ため，企業にとってきわめて重要な経営戦略の1つであることに異論を唱える者はいないだろう。それゆえ，ブランディングは，企業の業績を向上させるために，ブランドを構築するうえで最も重要な「コア・コンピタンス」[(1)] の1つとして位置づけられる（Gromark & Melin 2011）といえる。しかし，ブランド弱者である中小企業は，ブランディング戦略への投資における意思決定や実行に当たって，次のような阻害要因にも直面する。

ブランディングへの認識不足
　企業の経営トップは，ブランディングの主導権を握るべきである（Frank 2005）。経営トップは，ブランディングの実行に関する最終的意思決定権を持ち，それが戦略的かつ組織的に推進できるように，強力なリーダーシップを発揮しなければならないのである。しかし，実際，ブランド弱者である中小企業の多くの経営トップは，日々の業務においてブランディングにほとんど注意を払っておらず，経営の最重要課題に位置づけていない（Krake 2005）。最終的に意思決定権を持つ彼らが，ブランディングの重要性を認識していなければ，当然のことながら，全社員もそれを意識することができない（Frank 2005）状態が組織内に蔓延する。また，中小企業の経営トップのブランディングに対する捉え方は，広告，名前，ロゴなどに限定されており，その重要性に対する認識が不足している（Inskip 2004；Wong & Merrilees 2005）。これは，ブランディングの本当の意味を理

解していないためであり，中小企業が市場においてまだ未成熟であること
を示している（Boyle 2003；Krake 2005）。このような視点しか持たない中小
企業は，ブランディング戦略を実行するのに必要な組織内の潜在的な経営
資源に気づくことができない（Merrilees 2007）。経営トップのブランディン
グへの理解が不足すると，戦略を実行する際に，自社の経営資源を戦略的
に活用することができなくなるのである。

ブランディング戦略の実行における経営資源と時間の不足

　中小企業が直面するもう１つの課題は，ブランディング戦略を実行する
ために必要な時間，経営資源，組織構造，プロセスが限られていることで
ある（Wong & Merrilees 2005）。とりわけ，リソース不足が実行を阻害する
主な要因となる。このような阻害要因は，自社ブランドと事業価値の向上
を妨げるおそれがある。また，中小企業の経営トップは，短期的な視点か
ら事業戦略に集中せざるをえない場合が比較的多いため，すぐ目に見える
ような効果が得られにくいブランディング戦略を好まない傾向が強い。短
期的な視点から日常業務に焦点を当てることは，中小企業が中長期的な視
点からブランディング戦略を策定し実行する上で大きな障害となるのであ
る。

　上述したように，多くの中小企業は，日々の業務活動や事業戦略におい
てブランディングにほとんど注意を払っていない（Frank 2005）。とりわけ，
経営資源が乏しいため，中小企業の経営トップには，財務や生産上の問題
を最重要視し，ブランディング上の問題点についてはほとんど注意を払っ
ていないという共通の課題があるからである（Bresciani & Eppler 2010）。も
う１つの理由として，彼らはブランディング戦略を実行する際に莫大な費
用がかかり，これを大企業の問題として見なしているため，中小企業にと
っては贅沢な取り組みとして認識している点も挙げられる。彼らは，ブラ

ンディングは，市場シェアを確保するためのマーケティング戦略を行うの
に十分な経営資源と資本，時間を持っている大企業のみに当てはまると捉
えているのである。それゆえ，多くの中小企業の経営トップは，ある程度
ブランディングの重要性について認識はしていたとしても，彼らの日常的
な業務活動と事業戦略において，ブランディングの知識を結びつけていな
いのが現状である（Merrilees 2007）。

　さらに，多くの中小企業には，経営資源と内部構造，プロセスの欠如
（Rode & Vallaster 2005），そして顧客を見つけて惹きつけるための評判を確
立するための基本的な知識と技能（Petkova et al. 2008）が欠けている。こ
のことにより，中小企業には，上記のような経営課題を解決するためにブ
ランディング戦略を実行する必要性が生じる（Abimbola & Vallaster 2007）
場合もある。

ブランディングの実行における組織能力の不足

　上記の問題のほかに，ブランディングに関する専門知識と，それを成功
させた豊富な経験を持つ人材が組織内にいないことも中小企業にとって大
きな経営課題の 1 つである（徐・李 2018）。中小企業の経営トップとマネー
ジャーたちの中には，ブランディングに関する専門的かつ実践的な知識や，
それを成功させた経験を有する人材がいないのが実情である。さらに，彼
らは，顧客のニーズを自社の製品ブランドに結びつける方法を分析し，ど
の顧客が会社の能力に最も適しているのかを特定するスキルやノウハウも
不足している（Boatwright et al. 2009）。このように，意思決定権を持つ経営
トップにブランディングに関する専門知識や経験・能力が不足することが，
ブランディング戦略を実行する際に大きな阻害要因となる。また，中小企
業のほとんどは，広報，組織文化，企業の宣伝用の資料をマネジメントす
る部門を持っているが，ブランディングの責任を負う独立した部門は設け

表1-1　3つの戦略不全要因

要　因	研究者
リーダーシップの不足	Bossidy & Charan 2002 Druker 2004 三品，2004 2006
戦略が実行されない 組織文化や慣習	Pfeffer & Sutton 2000 Bossidy & Charan　2002
戦略が実行されない マネジメント・システム	Pfeffer & Sutton 2000 Bossidy & Charan 2002

（出所）　森永（2008：6-7）をもとに筆者作成。

られていない（Frank 2005）。とりわけ，製品開発や製品製造を競争優位の中心軸とする組織構造を有する日本の製造企業においては，ブランドをマネジメントする組織づくりがきわめて困難なものとなる（竹村 2000）。また，日本の製造企業では，技術畑出身者や製造志向の強い人が経営トップになっている企業が圧倒的に多いといえる[2]。したがって，製品中心の組織構造を持つ中小企業では，ブランディングを実行するための組織能力を高めることが難しいのである。

　また，先述のほかに企業のブランディング戦略を阻害する3つの要因は，表1-1の通りである[3]。その中の1つの要因として，中小企業の経営トップの戦略的ブランディングに対するリーダーシップの不足が挙げられる。たとえば自社独自の戦略的ブランディングの重要性や必要性に対する経営トップの不十分な理解と認識（徐・李 2018）とブランディングに関する彼らの知識の欠如と指導力の不足（Juntunen et al. 2010），である。これらは，中小企業が戦略的ブランディングを実行する際に，最も大きな阻害要因の1つになるのである。

　この問題を解決するためには，中小企業にとって戦略的ブランディングへの経営トップの企業家的なリーダーシップが欠かせない。いかなる困難な状況でも決して屈せず，常に新たな事業機会を積極的に追求し精力的に

活動する強靭な企業家精神は，自社のブランド力を確固たるものにすることができる最も大きな原動力となるといえる。また，企業家としての中小企業の経営トップは，ブランディングに強い情熱を持っていなければならない（Krake 2005）。したがって，戦略的ブランディングの重要性に対する経営トップの明確な理解と認識は，中小企業が戦略的ブランディングを実行する際に，最初の取り組みであると同時に，最も重要なプロセスでもある（徐・李 2018）。

　「弱者の中で一番強い者は，自分の弱さを忘れない者だ」。中小企業は，本章で述べたブランド弱者の負の連鎖を明確に認識し，そこから抜け出すための企業努力や工夫を積み重ねていかなければならない。また，中小企業の経営トップは，さまざまな市場変化に柔軟かつ迅速に対応できる経営戦略の一環として取り組むべきエクスターナル・ブランディングや戦略的インターナル・ブランディングの必要性と重要性を明確に理解・認識しなければならない。さらに，中小企業の経営トップは，中長期的な視点から，戦略的インターナル・ブランディングを行えるように，強い仕組みづくりを促さなければならない。とりわけ，中小企業の経営トップは，その戦略の一環として，強い組織をつくり，強いリーダーシップを発揮しなければならないのである。

注
(1)　ここでいう「コア・コンピタンス」とは，「顧客に対して，短期間で競合他社には容易に模倣できない自社独自の価値を提供する，企業の中核的な組織能力」を指す（Hamel & Prahalad 1994 = 1995：11）。
(2)　これは，大企業だけでなく，中小企業にも該当する。
(3)　戦略を阻害する 3 つの要因は，森永（2008）による先行研究の整理に基づいている。

第**2**章
戦略的ブランディングの方法

1　中小企業のブランディングに関する先行研究

　近年，ブランディングは中小企業にとっても重要であると唱える研究者や実務家が増えつつあり，欧米の先行研究が2000年以降集中的に増えていることがわかる（表2‑1参照）。これらの内容は，次のように４つに分類できる。

①中小企業のブランディングに関する研究が少ないことについての懸念とその重要性に対する認識
②中小企業が組織内においてブランディングを行う際にみられる，その重要性や必要性に対する経営トップや経営陣の不十分な理解・認識
③ブランディングを実行する際の社員の重要性と役割
④ブランディングは，中小企業にとって新たな需要の創造と持続的競争優位性を獲得するための重要なコア・コンピタンスということ

　しかし，実際，中小企業が組織内でブランディング，とりわけ戦略的インターナル・ブランディングを推し進める際に，組織的に行えるような仕組みや枠組みを提示する先行研究は皆無であるといえる。それゆえ，中小

表 2 - 1　中小企業のブランディングに関する先行研究

著者名	アプローチ	調査対象	企業の形態
1．Abimbola（2001）	需要管理のための競争戦略としてのブランディング	なし	なし
2．Aish et al.（2003）	ブランディングに関する異文化間の視点	経営者とマネージャー	サービス業（銀行）B 2 B
3．Boyle（2003）	起業家のブランド構築	なし	製造業（掃除機）B 2 C
4．Inskip（2004）	B 2 B 中小企業におけるブランディングの役割	マネージャー	サービス業と製造業 B 2 B
5．Yakhlef & Maubourguet（2004）	ブランド提携と国際化の一形態としての支持	マネージャー	サービス業（ホテル）B 2 C と B 2 B
6．Krake（2005）	中小企業におけるブランド管理	経営者	消費財メーカー B 2 C
7．Mowle & Merrilees（2005）	中小企業のブランディング・アプローチ	経営者とマネージャー	製造業（ワイン）B 2 C
8．Rode & Vallaster（2005）	スタートアップ企業ブランディング	創業者	観光業 B 2 C と B 2 B
9．Wong & Merrilees（2005）	中小企業におけるブランディング戦略の役割	経営者	複数のサービス業 B 2 C と B 2 B
10．Holverson & Revaz（2006）	フランチャイズによるブランディングの効果	マネージャー	ホテル業 B 2 C と B 2 B
11．Kollmann & Suckow（2007）	企業名のネーミング	起業家	複数の起業家 B 2 C と B 2 B
12．Merrilees（2007）	新しいベンチャー企業のブランディング	なし	複数のサービス業と製造業，小売業 B 2 C
13．Opoku et al.（2007）	ウェブサイトのブランド・コミュニケーション，ブランド・パーソナリティ	なし	サービス・食品・レストランフランチャイズ B 2 C
14．Powell & Ennis（2007）	中小企業における組織的マーケティング	経営者マネージャー	サービス・設計・コンサルティング・建築 B 2 B
15．Berthon et al.（2008）	ブランド管理	CEO	複数のサービス業と製造業 B 2 C

（出所）　Ahonen（2008：8-9）をもとに筆者作成。

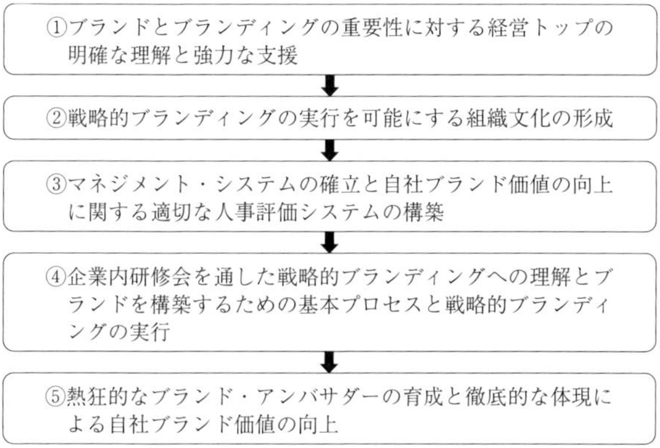

①ブランドとブランディングの重要性に対する経営トップの
明確な理解と強力な支援

↓

②戦略的ブランディングの実行を可能にする組織文化の形成

↓

③マネジメント・システムの確立と自社ブランド価値の向上
に関する適切な人事評価システムの構築

↓

④企業内研修会を通した戦略的ブランディングへの理解とブ
ランドを構築するための基本プロセスと戦略的ブランディ
ングの実行

↓

⑤熱狂的なブランド・アンバサダーの育成と徹底的な体現に
よる自社ブランド価値の向上

図 2 - 1　中小企業に適用可能なブランディング・プロセス
（出所）　筆者作成。

　企業が陥りやすい負の連鎖から抜け出すためには，外部ステークホルダー向けのエクスターナル・ブランディングと内部ステークホルダー向けのインターナル・ブランディングを同時に実現できる仕組みを明らかにしなければならない。そこで，本章では，中小企業に適用可能な体系的かつ組織的な取り組みを戦略的ブランディングと位置づけるとともに，それを実行可能にするためのプロセスと方法を提示していく（図 2 - 1 参照）。

　徐・李（2018）は，中小企業ならではの特徴や優位性について，次のように強調している。中小企業の経営トップのほとんどは，サラリーマン型経営者が率いる大企業と異なり，創業型経営者であるため，経営全般に関する意思決定力がきわめて強いオーナーシップを有する。それゆえ，中小企業は，ブランディングの重要性に対する経営トップの明確な理解・認識と深い関与，強力な支援があれば，戦略的ブランディングに関する迅速な意思決定を実行できると同時に，中長期的な視点から組織内で推し進めることができるのである。[1]このような観点から見ると，ブランディングは中小企業にとって適用可能な競争戦略の 1 つである（Abimbola 2001）。したが

って，中小企業の経営トップとマーケティング担当者は，予算の制約を受けても，自社ブランドの潜在的可能性を創造的にマネジメントし活用しなければならない（Berthon et al. 2008）。これを確実にするためにまず必要不可欠なのが，先述の通りブランディングの重要性や必要性に対する経営トップの明確な理解・認識と強力な支援と，全社的な取り組みとして活用できる戦略的インターナル・ブランディングの実行であるといえる（徐・李 2018，2019a，2019b，2019c，2020a，2020b）。

2　中小企業に適用可能なブランディング・プロセス

経営トップの明確な理解・認識と深い関与

ブランドは，企業存続の要であり，価値ある資産である（Davis & Dunn 2002）。企業は，ブランド価値の向上に全社的かつ戦略的に取り組むことによって，より効果的に経営戦略を立案・遂行していかなければならない（阿久津 2003）。このような取り組みを実現するためには，先述の通り，経営トップの強力なリーダーシップが欠かせない。それゆえ，ブランドに関する主要な意思決定は，経営トップが主導的に推し進めるべきである（Stobart 1994；徐 2010a；徐・李 2016，2018，2019a，2019b，2019c；田中 2017）。

とりわけ，ブランド中心の中小企業を構築するためには，経営トップをはじめとするトップ・マネジメント[(2)]にブランディングにおける最終責任をとらせることが重要である。実際，本書で紹介するブランディングに成功した中小企業では，トップ・マネジメントのリーダーシップを中心に，自社ブランドが最も重要な見えざる資産であることを全社員が認識している（第8章・第9章参照）。また，組織文化も，トップ・マネジメントによる自社のブランディングへの強いリーダーシップによって形成される。さらに，マーケティング担当者だけではなく組織全体が，ブランディングを後押し

し，自社ブランドの価値の向上に優先順位を置いている。

　中小企業の経営トップは，自社を「ブランド創発型企業」にするために，以下のような戦略的取り組みを組織内で推進できるように，強力なリーダーシップを発揮すると同時に，強く後押ししなければならない。

①自社独自のブランド理念とブランド・ビジョンが持つ意味や本質が事業戦略を引き立たせるような組織文化と組織構造を確立すること

②自社が持つ内部資源が効果的な生産効率の向上・新製品の開発・売上の支援・品質管理の拡張だけではなく，ブランディング・イニシアチブと自社ブランド価値の向上を促せるように働きかけること

③各々の業務単位が自社ブランドを重要な要素と捉えるような長期的事業戦略を開発するよう奨励すること

④強力なブランドの活性化と拡張，国際化などといった観点で十分に利用するように業務管理を奨励すること

⑤自社独自のブランド理念とブランド・ビジョンを中心とした組織文化を確立し，内部組織構造が外部環境の現実を反映する状況を確保すること

⑥自社独自のブランド理念とブランド・ビジョンの自発的な体現を促すと同時に，自社ブランドの資産的価値を効果的に高められるような組織構造を確立すること

⑦自社独自のブランド理念とブランド・ビジョンが持つ意味から強い刺激や共感を得て，それらを創造的に学び取れるような創発的な場を戦略的かつ体系的にマネジメントすることを奨励・支持すること

　まず，経営トップは，自社のブランドとは何か，中長期的な視点からその明確なビジョンと確固たるポジショニング，資産的価値などをいかに確保し高めるかについて熟知しなければならない。戦略的ブランディングに関する経営トップの深い関与として，次のような経営トップ自らの努力が

必要不可欠である。

①組織内で戦略的ブランディングに関する知識や経験を持つコア人材と定期的な場を通して，重要な情報や知識を共有
②組織内に外部のブランディングの専門家を迎え入れ，社員に対して戦略的ブランディングに関する重要な情報や知識を学習
③組織内で戦略的ブランディングを推進するための部門横断的な連携チーム（プロジェクト・チーム）を結成し，自社独自のブランド理念とブランド・ビジョンを立案
④経営トップや経営幹部，各部門の次世代リーダー候補も巻き込んで戦略的ブランディングに関する各種セミナーおよび講座と，創造的なアイデアや発想が得られる異業種交流会の定期的な開催

　このような経営トップ主導型の取り組みなしでは，近視眼的なブランディングに陥ってしまい，中長期的な視点からのブランディングの実行における阻害要因を未然に防ぐことができない。その阻害要因は次の通りである。

①自社ブランドの資産的価値を高めると同時に，その確固たるポジショニングを確保するために必要な自社を取り巻く内部環境と外部環境の現状把握の不十分さ
②戦略的ブランディングの重要性への全社員の共感と自社の現状に対する危機意識の欠如
③組織全体に蔓延している目先の利益と短期的な成果のみを追求する組織文化の形成
④投資先企業への短期的成果を重視する株主からの圧力
⑤戦略的ブランディングの意思決定とそれらの実行における営業部門，経

営企画部門，管理部門，製造部門，品質部門などと自社ブランド推進部
門とのコンフリクト（衝突）

　中小企業が戦略的ブランディングを行う際に，経営トップの果たすべき
最も重要な役割の1つは，経営トップの明確な志であると同時に，自社が
将来，全社レベルで目指すべき方向づけである戦略的ビジョン[3]を明示する
ことである（徐 2010a）。とりわけ，経営トップは，自社の現在と将来のス
テークホルダーに対して，自社ブランドの理念とビジョン，価値観を明確
に示さなければならない。言い換えれば，経営トップの最重要課題は，自
社をどのような企業にしたいのかを示すことである（Tilles 1963）。
　また，経営トップは，それらに対して全社員が強く共感し，実践できる
ように，組織の内部と外部のあらゆる場を通して常に全社員に語り続けな
ければならない（徐・李 2016）。このような取り組みは，組織の結束力をい
っそう高めることができる。戦略的ブランディングの重要性に対する経営
トップの明確な理解と深い関与は，自社ブランドの理念とビジョンに全社
員が強く共感・共有し，それを徹底的に実践する「ブランド創発型企業」
を構築・強化するための大きな推進力となる。すでに述べたように，中小
企業の経営トップのほとんどは，サラリーマン型経営者が率いる大企業と
異なり，創業型経営者である。戦略的ブランディングをはじめとする経営
全般に関する意思決定力がきわめて強いオーナーシップを有する。それゆ
え，中小企業は，戦略的ブランディングの重要性に対するトップの明確な
理解と深い関与があれば，迅速な意思決定を実行できると同時に，中長期
的な視点から戦略的ブランディングをも行うことができるのである。

組織文化の形成
戦略的ブランディングに対して不十分な理解と認識による組織文化が形

成されると，各部門間で戦略的ブランディングに対する理解と認識の不一
致が生じる。その結果，正しい戦略的ブランディングを実行することが困
難になる。たとえば，短期的な目標を重視する部門と中長期的なブラン
ド・ビジョンを踏まえた目標を重んじる部門間のコンフリクトにより，自
社独自のブランド理念とブランド・ビジョンの組織全体の浸透がうまく進
まない。とりわけ，組織全体に自社独自のブランド理念とブランド・ビジ
ョンが確実に浸透しない限り，自社ブランドの構築と価値向上の実現は望
めない（阿久津・野中 2001；徐 2010a；徐・李 2016；Davis 2000）のである。そ
のため，自社ブランドの理念とビジョンを組織全体に徹底的に浸透させる
ためには，ブランド中心の組織文化をつくることおよびそのプロセスが重
要になる。その戦略的かつ組織的な取り組みとして，インターナル・ブラ
ンディングが必要不可欠となる。

マネジメント・システムの確立

　次に，戦略的ブランディングを実行するための仕組みづくりを重視する
マネジメント・システムを確立させなければならない。とりわけ，中小企
業は，自社独自のブランド理念とブランド・ビジョンを組織全体に徹底的
に浸透させるために，戦略的インターナル・ブランディングを実行に移す
ための仕組みをつくらなければならない。その仕組みとして，次の4つが
挙げられる（表2-2参照）。

　また，中小企業は，組織内においてブランド中心の組織文化を根付かせ
るために，プロジェクトに貢献した社員を客観的に人事評価するシステム
を制度化する必要がある。その結果，戦略的ブランディングを実行する習
慣が強固な組織文化として確立されていく。したがって，中小企業の経営
トップは，中長期的な視点から，上記の戦略的な仕組みを組織内に定着さ
せるために，強力な支援とともに，専門的かつ実践的な知識を兼ね備える

表 2 - 2　戦略的インターナル・ブランディングの実行における 4 つの仕組み

①SIB の立案・策定における全社員参加型の仕組みの構築	SIB を効果的に実行するためには，戦略の立案・策定の時点から，現場を含む各部門の社員も巻き込み，合意を形成しておくことが必要
②SIB と業務計画の間の整合性をはかるための仕組みの構築	正しい SIB 戦略を実行するためには，両者の間に一貫性と継続性を確保していくことが必要
③SIB の実行における経営トップの深い関与が伴う適切な権限移譲	現場への自社独自のブランド理念とブランド・ビジョンの確実な浸透のやり方や，その後の支援の仕方をつくることが必要
④戦略実行の成果と報酬が連動するような仕組みの構築	経営トップのリーダーシップのみに依存せず，SIB の実行能力が高い人材を中長期的な視点から育成することが必要

（注）　SIB（Strategic Internal Branding）。
（出所）　森永（2008：7）をもとに筆者作成。

人材を体系的に育てなければならないのである。

ブランドを構築するための基本プロセス

　先述の通り，戦略的ブランディングの重要性に対する経営トップの明確な理解・認識と実行における強力な支援は，中小企業が「ブランド創発型企業」をつくる際に，最初の取り組みであると同時に，最も重要なプロセスでもある。とりわけ，経営トップとして，次のような強力な後押しがきわめて重要である。まず，①組織内に外部のブランディングの専門家を迎え入れ，戦略的ブランディングに関する重要な情報や知識を，可能な限り多くの社員に学習・共有させるように働きけることである。それと同時に，②組織内で戦略的ブランディングを推進するための部門横断的な連携チーム（プロジェクト・チーム）を結成することで，自社独自のブランド理念とブランド・ビジョンを立案・策定し組織内で浸透させる基盤をつくることである。

　外部のブランディングの専門家の力を必要とする理由は，本書の冒頭で

述べたように，中小企業にはブランディングのノウハウとスキルが不足しているからである。中小企業の経営トップをはじめとする経営幹部，各部門の社員および現場の社員は，大企業と比べると，戦略的ブランディングに関する専門的かつ実践的な知識のレベルがきわめて低いといえる。それゆえ，経営トップは，経験豊かな外部のブランディングの専門家を通して，戦略的ブランディングに関する基本的な知識・仕組みなどを社員が学習できるような企業内研修を実施しなければならない。

　上記の戦略的ブランディングは，チームブランディング[4]であるともいえる。その最大の目的は，「部門間の垣根を越えて連携し，優れた商品・サービスを生み出し，価値ある商品・サービスを顧客に提供し，選ばれ続けること，これらをチーム一丸となって実践すること」である。外部のブランディングの専門家は，企業の関係者とともにチームブランディングを行う際に，「チームに答えを与えるのではなく，グループワークを通して，彼らの頭で考え，意見を交換することによって，『自社の価値観』と『他者（顧客と社員）の価値観』を深く理解し，共通点を発見すること」を目指す。それと同時に，「自社の強みや価値をチーム全体で理解・共有させること」も目指す。また，「自社の経営戦略に基づくブランドを，事業に直接的・間接的に関わる人たちとともに築き上げることで，同時にチームワークの醸成」も目指す。さらに，チームづくりに際しては可能な限り，同じ部門の社員を同じチームにし，企業内研修で得た情報や知識を社員が属する部門に置き換えて，その本質と目標を改めて熟考してもらうべきである。ここで注意すべき点は，「チームブランディングをトップダウンの押し付けで行うのではなく，現場のチーム全員で行うことを最大の主眼として」考えなければならない。

　企業内研修を通したチームブランディングでは，自社ブランドの理念とビジョンを組織内において浸透させることがきわめて重要である。また，

マクロ環境（PEST）とミクロ環境（3C）の分析による市場機会の発見

↓

市場を顧客の視点から複数のテーマで細分化する（Segmentation）

↓

製品・サービスの対象となるターゲットを明確に定める（Targeting）

↓

競合他社より優位な自社の独自性が十分発揮できるポジションを決める（Positioning）

↓

自社を，あるいは自社が提供する製品・サービスを，「顧客にどう思われたいか」というブランド・アイデンティティを明確にすること

↓

4P（Product，Price，Place，Promotion）と 4C（Customer Value，Customer Cost，Convenience，Communication）の具体化

↓

刺激（ブランド要素とブランド体験＝ブランド・コンタクト・ポイント）の設計

↓

マーケティングの目標設計（目標の数値化）

図 2-2　ブランド構築のためのプロセス
（出所）　一般財団法人ブランド・マネージャー認定協会（2015：83）をもとに筆者作成。

それぞれの部門の社員一人ひとりがそれらに沿って，顧客に対して適切なブランド体験（リアル店舗またはオンライン店舗における顧客向けの商品・サービスの実体験）を与え，確固たる自社ブランドを構築するための 8 つの段階のプロセスを全社員に習得させなければならない[5]（図 2-2 参照）。このプロセスは，再現性がきわめて高い[6]（一般財団法人ブランド・マネージャー認定協会 2015）。それゆえ，確固たる自社ブランドを構築するためには，中小企業の多くの社員が，図 2-2 で示されている 8 つの段階のプロセスを実践的に応用することが必要である。この実践により，ブランディング組織能力を高めることができた中小企業は，市場におけるさまざまな変化や状況に柔軟かつ迅速に対応でき，その結果，価格競争に巻き込まれることなく，自社ブランドの競争力をさらに高めることができる。

第Ⅰ部　理論×戦略

ブランド・アンバサダーの育成と徹底的な体現

　近年，企業は激変する市場環境の中で，持続的な競争力を持つ強いブランドを確立するための知識を創造し，共有しなければならない。また，企業は持続的競争優位を獲得するため，知識を効率的に構造化すると同時に，中核的な資産であると認識しなければならない（Hilmi et al. 2009）。このような構造化された知識は，企業にとって知的資産の価値と競争力の源泉としてその重要性がますます大きくなりつつある（Edvinsson & Malone 1997；Norton & Kaplan 1996）。この考え方は，企業の経営方式の１つである知識経営（Knowledge Management）として，多くの企業の間で積極的に導入されている。知識経営は，知識労働者（Knowledge Worker）の概念が根底にある。知識労働者の持つ蓄積された知識は，企業の生産性を向上させる手段であると同時に，重要な資産であるともいえる（Drucker 1959）。知識経営は，企業の知識を扱う概念であるが，その主体は企業の知識を創造する知識労働者，すなわち，組織内部の社員なのである。

　上記のような企業の知識経営活動と同様，本書でいう戦略的インターナル・ブランディングには，組織内部の社員を企業の重要な知的資産とする考え方が根底にある。また，知識経営と戦略的インターナル・ブランディングは，ブランドとの相互作用が中心となって形成されるという共通点がある。さらに，知識の創出・共有・活用に至る活動は，社員間の信頼が基盤となり，これが社員間の相互作用を通して，暗黙知[7]から形式知[8]へ転換し，新たな知識が創出・共有され業務に活用できる。それと同様に，戦略的インターナル・ブランディングも，社員がブランドの意味を内在化するプロセスであるがゆえに，ブランドとの相互作用が基盤となる。ブランド中心的な考え方を全社員に共有させ，全社的な取り組みをつなげることが目的であると同様に，知識経営も全社員に共有させ，こうした活動を組織内部で行えるように奨励するのである。それに加えて，知識経営と戦略的イン

30

ターナル・ブランディングの実行主体は内部顧客であるという点と，その
プロセスはコミュニケーションが中心であるという点でも共通している。
戦略的インターナル・ブランディングの構成要素の1つである，社内コミ
ュニケーションは社員が意思決定を行う際に重要な情報提供の機能を担っ
ている。知識経営活動においても，社内コミュニケーションは知識を創
出・共有・活用させる際に有効に機能し，企業の意思決定にも重要な役割
を果たすと同時に，持続的競争優位の確保を可能にする。

　また，中小企業は戦略的インターナル・ブランディングを行う際に，ブ
ランド・アンバサダーとして役割を果たす社員の重要性について明確に理
解し，自社ブランドの理念とビジョンを正しく理解させる必要がある。社
員は顧客をはじめとする多様なステークホルダーに一貫したブランド・プ
ロミスを伝えると同時に，明確な組織の目的と目標を示す役割を果たすか
らである。

　戦略的インターナル・ブランディングは，ブランド・プロミスの目的と
ポジショニング，それらを多様なステークホルダーに体現する社員に重点
を置いており，企業価値とブランド価値を社員の価値と一致させるための
主要なツールの1つとして位置づけられている。また，ブランド・プロミ
スの伝達を実現するために，社員の行動変化を引き起こすことも目指して
いる。それゆえ，戦略的インターナル・ブランディングは，競合他社にと
って模倣困難な人的資源である社員を通して，自社のブランド価値を高め
ることで，持続的な競争優位を獲得することを目指すのである。

　中小企業は多様なステークホルダーに自社のブランド・ビジョンを伝え
るため，正しい組織構造とリーダーシップが必要である（Vallaster & de
Chernatony, 2006）。社員が自社のブランド・ビジョンを十分に理解してい
るとしても，組織レベルでブランド支援活動を行わなければ，社員のブラ
ンド・イメージの形成や自社ブランドへのコミットメントは実現されにく

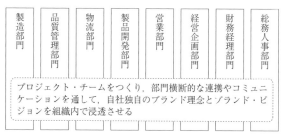

図 2 - 3　戦略的インターナル・ブランディングがもたらすメリット
（出所）　筆者作成。

くなるからである。そのほか，組織文化，人事（Human Resource Manage-
ment）部署の役割は必要不可欠である。

　図 2 - 3 のように，中小企業は，部門間の垣根を超えたコミュニケー
ションができるような場を活用することで，次のようなメリットを生み出す
ことができる。

①自社ブランドの理念とビジョンをより確固たるものにすることができる
　こと
②自社ブランドの価値を高める戦略的ブランディングに関する意見や情報
　を創出・共有・活用できること
③組織全体の一体感を高めることができること

　普段，組織内において何らかの形で社内コミュニケーションやワークシ
ョップ，トレーニングなどを定期的に行っている中小企業の場合は，戦略
的インターナル・ブランディングの効果はよりいっそう高まる。

───────────

注
⑴　徐・李（2018：23）をもとに修正。

⑵　ここでいうトップ・マネジメントとは，企業の最高経営者層で，日本では一般に常務以上の重役たちがこれに当たる。

⑶　ここでいう戦略的ビジョンとは，「経営トップの明確な志であると同時に，自社が将来，全社レベルで目指すべき方向づけ」を指す（徐・李 2018：22）。また，ここでいう戦略的ビジョンは，Hamel & Prahalad（1989）が提唱するストラテジック・インテント（Strategic Intent）と同様な概念として捉えている。

⑷　チームブランディングについては，第 7 章で詳細に述べることにする。

⑸　ブランド構築のための 8 つのステップの詳細な内容については，一般財団法人ブランド・マネージャー認定協会（2015），82-133頁を参照されたい。

⑹　その理由は，ブランド・マネージャー認定協会が図 2 - 2 で示す基本プロセスを構築し，実際，美容業界，温泉施設業界，医療業界，ホテル業界，小売業界の中小企業に実行させることで，中小企業のブランド価値が向上したからである。詳細な内容については，同上書を参照されたい。

⑺　ここでいう暗黙知とは，「個人的で主観的な知識であり，言葉に表現して他人に伝えることが難しい知識」を指す。それには熟練，ノウハウ，スキルなどが挙げられる（野中・竹内 1996：89）。

⑻　ここでいう形式知とは，「明示的な知識であり，言葉や文字によって表現できる知識」を指す。同上書，89頁。

第**3**章
組織成立の3要素と CEO ブランド

1　ブランドの定義から学ぶもの

　ここで統合的な視点から従来のブランドの定義を改めて定義づける。その理由は，ブランドに関する定義が学者・実務家の視点により異なる（徐・李 2018：田中 2017）からである。表3-1は，ブランドの定義を，ものを購入し利用する顧客側から見た定義と，ものをつくり売り込む企業側から見た定義に分類している。ここでは，この2つの視点を統合的な視点から再び考察することで，大企業だけではなく，中小企業でもたやすく取り入れて，組織内に働きかけやすいブランドの定義を提示する。

　一般に知られているブランドに関する定義のほとんどは，アメリカ・マーケティング協会（American Marketing Association，以下は AMA と表記）が提示したものに影響されている。まず，AMA によるブランドの定義は，企業の製品・サービスを顧客が購入する際に，競合他社のものと差別化できるような目に見えるブランドの表層的要素を並べているにすぎない。企業が「ブランドを構築しようと意図したときに，より良いブランド名やシンボルを決めればよい」と，ブランドの定義を断片的にしか捉えていないからである。また，その定義の意味は，製品ブランドの視点のみに限定されている。次に，Kapferer (2000) と Hollis (2008)，田中 (2017) は，AMA

表 3-1　ブランドに関する定義

顧客側から見た定義	AMA (1988)	ブランドとは，ある売り手あるいは売り手の集団の製品およびサービスを識別し，競合他社のものと差別化することを意図した名称，言葉，シンボル，デザイン，あるいはその組み合わせである。
	Kapferer (2000)	ブランドとは，製品やサービスのマークであると同時に，有形・無形の満足を約束する包括的な価値でもある。
	Hollis (2008)	ブランドとは，消費者の心の中にある持続的かつ共有されている一連の認識（知覚）である。
	田中 (2017)	ブランドとは，交換の対象としての商品・企業・組織に関して顧客が持ちうる認知システムとその知識である。
企業側から見た統合的な定義	片平 (1998)	ブランドとは，ヒト・モノ・カネ・情報に次ぐ「第5の経営資源」である。それは経営者のみならず，企業（組織のメンバー）や顧客や社会におけるステークホルダーたちを統合する媒体であると同時に，圧倒的存在感（シンボル）であり，他では味わえない独自の世界である。
	野中・紺野 (2002)	ブランドとは，単に製品価値を示す記号ではなく，製品・サービスに関して顧客が獲得する知識であり，形成した信念であると同時に，企業そのものの思想や組織文化，価値創造のありかた全体に関わってくるものである。
	徐 (2010a)	ブランドとは，競合他社から差別化できる自社固有の企業・製品・サービスにアイデンティティを与える目に見える差別的諸要素と目に見えない差別的諸要素の集合体である。

（出所）　徐（2010a：120-121）をもとに筆者作成。

と異なる視点から，ブランドとは何かについて定義づけている。そのほとんどは，ブランドの価値を最終的に判断し，その購買意思決定権を持つのは，あくまでも顧客であることが大前提となっている（徐 2010a；徐・李 2018）。さらに，これらブランドの定義を大別すると，次のような3つの特徴が挙げられる。①顧客に対する約束，②顧客が抱く期待値と信頼感，③顧客が持つ認知・知識の構造，である。

　上記の定義と異なり，企業側から見た統合的なブランドの定義は，主に企業の経営者をはじめ，ブランドをつくり，そのマネジメントを実行する

主体の視点から提示されている。ブランドというものを表面的かつ断片的に捉えることがないため，企業は戦略やマネジメントを実行する際に，より効果的に活用することができる。企業側のブランドの定義を大別すると，次のような特徴が挙げられる。①企業の「見えざる資産」(Intangible Asset)[2]，②経営者や社員が抱く自社への誇りと信念，③競合他社に対して競争優位に導く企業力の源泉，である。また，企業側の定義には，顧客だけではなく，企業を取り巻く多様なステークホルダーを対象とするコーポレート・ブランド[3]の視点から捉えられていることも特徴の 1 つとして挙げられる（徐 2010a；徐・李 2018）。

　企業は，このようなブランドに対する捉え方を組織全体で共有することにより，組織内でブランディングをより包括的かつ戦略的に推し進めることができる。それと同時に，外部のステークホルダーにも，ブランドの定義の意味をより効果的に伝えることが可能になる。とりわけ，徐（2010a）によるブランドの定義では，「目に見える差別的諸要素」には顧客が識別できる表面的ブランド要素の組み合わせなどが含まれている。同時に，「目に見えない差別的諸要素」には，製品やサービスそのものを超えた付加価値を生み出す原動力となる企業独自の歴史，志，創業精神，価値観，経営の哲学・理念，ビジョン，信念などが含まれている。

　したがって，これら 2 つの視点を組み合わせて，本書ではブランドを次のように定義づける。すなわち，統合的な視点から捉えるブランドとは，「顧客が価値を有していると認知・知覚する自社固有の企業・製品・サービスにアイデンティティを与えるあらゆる差別的要素」[4]である。このブランドの定義における顧客は，内部の顧客と外部の顧客に分類できる。内部の顧客としては，ブランド・マネジメントやブランディングの実行主体である経営者・社員・事業パートナーなどが挙げられる。外部の顧客としては，ブランド価値に対する最終意思決定権を持つ一般の顧客をはじめ，株

主・投資家，取引先，メディア，消費者団体，地域社会など多様なステークホルダーが挙げられる。

　また，内部と外部の顧客が認知・知覚する価値とは，自社固有の企業・製品・サービスといったブランドを競合他社よりも上位に位置づけられると同時に，憧れの的である，肯定的かつ普遍的な概念を指す。さらに，アイデンティティを付与するあらゆる差別的諸要素とは，ロゴやマーク，デザインといったビジュアル・アイデンティティと，企業独自の歴史と組織文化，信念などといった見えざるアイデンティティの組み合わせを指す。最後に，このブランドの定義を統合的に捉えると，ブランドには，企業と多様な外部のステークホルダー間の相互作用（対話の場）を通して築き上げられた深い信頼関係の証という意味が含まれていることがわかる。

　上述のように再定義したブランドが意味するのは，大企業だけではなく，中小企業の戦略的ブランディングの実行においても，有効に活用できる。とりわけ中小企業は，このようなブランドの定義をベースに置きつつ，自社独自の考え方・価値観を加味し，組織内の全社員から理解と共感を得られるように，全社的に働きかけなければならない。

2　戦略的な視点から捉える定義から学ぶもの

　表3-2は，ブランディングの研究者とカナダ・マーケティング協会により提示されているインターナル・ブランディングの定義を示している。ここでは，筆者が考える戦略的かつ経営者の視点から，それぞれの定義の特徴を考察する。

　まず，Bergstromら（2002）の定義を考察すると，次のような3つの特徴が窺える。

表 3 - 2　インターナル・ブランディングに関する定義

学者・機関名と年度	定　義
Bergstrome et al. (2002)	IB とは，効果的なコミュニケーションを通して，社員に自社ブランドの妥当性と価値に対して確信を与えると同時に，その本質を伝えるために，組織のあらゆる部門の職務に結びつける取り組みである。
Berry & Lampo (2004)	IB とは，望ましいブランドの意味と価値を社員に教え，納得させ，強化する活動である。
de Chernatony et al. (2003)	IB とは，顧客との接点を通して全社員が自社のビジョンと価値を体現するブランド・アンバサダーになるように働きかけるブランド内在化活動である。
CMA (2007)	IB とは，社員が適切な顧客経験を一貫した方法で提供するよう調整し，権限を与える一連の戦略的プロセスである。
Einwiller & Will (2002)	IB とは，企業を取り巻く主要なステークホルダーから好ましくて肯定的な評判を得るために，組織的な行動とコミュニケーション，象徴的意味が体系的に計画されたマネジメントである。

（注）　CMA（Canadian Marketing Association），IB（Internal Branding）。
（出所）　徐・李（2019c：92）をもとに筆者作成。

①インターナル・ブランディングを行う際に最も重要なことは，組織内において自社ブランドが持つ意味や価値を，あらゆる部門において共通の目的・認識・言葉として統合し，その運営を可能にする効果的なコミュニケーション
②インターナル・ブランディングは，全社的な観点から，自社独自のブランド理念とブランド・ビジョンを中心に，各部門を一体化させていくうえで，きわめて有効なコミュニケーション・ツールとして用いることができること
③自社独自のブランド理念とブランド・ビジョンの本質を明確に理解し，それを外部のステークホルダーに正しく体現しようとする意欲や態度の向上

　つまり，インターナル・ブランディングを実行するに当たって，部門間の連携やコミュニケーションを向上させるための戦略的かつ組織的な取り組みが必要不可欠なのである。

　Berry & Lampo（2004）の定義を考察すると，次のような3つの特徴が窺える。

①インターナル・ブランディングの実行における重要なプロセスとして，教育・啓蒙活動とその場の提供が挙げられる。企業のこのような取り組みを通して，そもそもブランドとは何か，自社ブランドが表すものは何か，自社のブランド・プロミスを実現する際の自分の役割は何か，ブランド構築方法などを社員に明確に理解してもらわなければならない。ここで重要な点は，この取り組みが短期間で終わることなく，中長期的な視点から行えるように，持続的なコミットメントを築くことである。
②自社独自のブランド理念とブランド・ビジョンを理解した後，そこから強い共感が得られるように，体系的な自社ブランド構築・浸透プログラムを通して，社員のモチベーションを高めることも非常に大事である。これなしでは，外部のステークホルダーへの自発的なブランド体現は実現不可能である。
③社員が自社独自のブランド理念とブランド・ビジョンを徹底的に体現することを，組織文化として確実に定着させるために，プロジェクト・チームをつくることが必要不可欠である。

　de Chernatonyら（2003）の定義を考察すると，次のような2つの特徴が窺える。

①インターナル・ブランディングは，社員による自社独自のブランド理念とブランド・ビジョンの自主的かつ自発的な体現が，一般顧客との接点

の場で実現されて初めて，その優位性と効果を発揮できる。

②企業は一般顧客との接点の場を通して，自社独自のブランド理念とブランド・ビジョンを自社ブランドの価値として，多くの社員がブランド・アンバサダーになれるように働きかけなければならない。その結果，企業は，自社ブランドに相応しい創造性を実現させることができ，確固たるブランド・ポジショニングを確保すると同時に，その資産的価値をも高めることができる。

CMA（2007）の定義を考察すると，次のような3つの特徴が窺える。

①自社らしい企業・製品・サービスの創造性は，社員が自社独自のブランド理念とブランド・ビジョンから強い刺激と共感を得て，それらを自主的かつ自発的に学び体現することで実現される。その結果，望ましい顧客経験価値を高めることができる。

②それゆえ，企業は，自社独自のブランド理念とブランド・ビジョンを中心とした自社らしい企業・製品・サービスの創造性を体現する際に，ブランド・メッセージの不一致や不協和音などが生じないように，一貫した経営方針・考え方・価値観・行動・接客態度・ブランド・メッセージなどを通して，その本質や価値を伝えるのが望ましい。

③したがって，企業は，自社ブランドに関わる顧客とのあらゆる接点の場で，一貫したブランド・ストーリーを伝え，その価値を高めるために，社員に十分な権限を移譲することで，彼らの潜在能力を最大限に引き出させるように戦略的かつ組織的に取り組まなければならないのである。

Einwiller & Will（2002）の定義を考察すると，次のような3つの特徴が窺える。

①企業は，自社独自のブランド理念とブランド・ビジョンを中心とした自
　社らしい企業・製品・サービスの創造性の体現を通して，社員と顧客だ
　けではなく，多様なステークホルダーに対して，自社の好ましい評判を
　生み出していかなければならない。
②また，これまでの自社の業績や成果に対して，多様なステークホルダー
　の心の中に，ポジティブなイメージを獲得するために，全社員が一丸と
　なって取り組むコミュニケーション活動がきわめて重要である。
③さらに，企業は，自社の歴史や組織文化，イメージなどを象徴するよう
　な創業者の精神・経営哲学・価値観を簡潔かつ体系的に整理をし，多く
　のステークホルダーに強く共感してもらえるように働きかけるべきであ
　る。

　上記の先行研究で示されたインターナル・ブランディングの主な役割お
よび機能的要件には次のようなものがある。

①ブランド・プロミスの伝達の支援と社員の行動変容の促進（Ahmed &
　Rafiq 2003；Boone 2000；Drake et al. 2005）
②社員へのブランド・メッセージの伝達・教育と人事部門の役割の重要性
　の再認識（Aurand et al. 2005）
③自社ブランドに対する正しい理解とその価値の体現，ブランド内在化活
　動，ブランド・アンバサダーの社員の重要性を再認識（Berry 2000；de
　Chernatony et al. 2003）
④社員の自社ブランドに対するコミットメントとその態度（Burmann et al.
　2009；Ind 2001）
⑤自社のブランド・ビジョンを伝えるための正しい組織構造の形成とリー
　ダーシップの重要性を再確認（Burmann & Zeplin 2005；Vallaster & de
　Chernatony 2006）

⑥ブランド行動のガイドラインの提供と社員のモチベーションの向上（Dan-dridge et al. 1980）

⑦社内コミュニケーションと人的資源の重要性，社員によるブランド・プロミスの実行（de Chernatony & Segal-Horn 2003）

⑧組織的な行動とコミュニケーションの活性化，象徴的意味を体系的に計画するマネジメント（Einwiller & Will 2002）

⑨競合他社にとって模倣困難な人的資源である社員の重要性と持続的な競争優位の獲得（Jacobs 2003）

⑩組織レベルでのブランド支援活動と社員の自社ブランドへのコミットメント，社員が持つブランド知識（Kimpakorn & Tocquer 2009）

⑪顧客をはじめとする外部のステークホルダーに対する自社ブランドの価値の体現（Mahnert & Torres 2007）

⑫組織価値とブランド・ビジョンを支援する社員への動機づけと社内コミュニケーション・プログラムの実行（Malmelin & Hakala 2009）

⑬ブランド価値と組織における社員の役割と組織内部におけるブランド構築の促進（Maxwell & Knox 2009；Vallaster & de Chernatony 2005）

⑭組織文化の重要性（Miles & Mangold 2004）

⑮組織内部と外部のブランド・メッセージ間の一貫性の確保（Mitchell 2002）

⑯企業価値とブランド価値を社員の価値と一致させるための主要なツールとブランド価値の保証（Punjaisri & Wilson 2007, 2011；Urde 1999）

⑰企業レベルのブランド教育とトレーニング活動（Punjaisri et al. 2009）

⑱社員間のブランドの確かな共有とブランド構築活動（Santos-Vijande et al. 2013）

⑲ブランド・プロミスの目的とポジショニングの確立（Wise & Zednickova 2009）

最後に，上記を整理し，ここで戦略的な視点から捉えたインターナル・

ブランディングをあらためて定義づける。それは，「自社独自のブランド
理念とブランド・ビジョンを中長期的な視点から，部門横断的な連携やコ
ミュニケーションを通して，外部のステークホルダーに対して自発的に体
現するよう全社員に理解・共感・共有してもらうために，全社的に取り組
む諸活動[5]」である。このような戦略的かつ組織的取り組みを行うためには，
社員に権限を与えることが望ましい。とりわけ，プロジェクト・チームの
リーダーやメンバーには，十分な権限移譲が必要不可欠である。彼らがブ
ランド・アンバサダーやブランド・チャンピオン[6]として，組織内における
自社独自のブランド理念とブランド・ビジョンの自発的な体現を促す際に，
「社員に障害となるものを取り除けるような権限や責任を与えなければな
らない[7]」からである。

3　組織成立の 3 要素の好循環

　Barnard（1938）は，「組織は，①相互に意思を伝達できる人々がおり，
②それらの人々は行為に貢献しようとする意欲をもって，③共通の目的の
達成をめざすときに，成立する[8]」と述べている。すなわち，組織を成立さ
せるためには，「コミュニケーション」「貢献意欲」「共通目的」といった
3 つの要素が必要不可欠である。それゆえ，企業は，この 3 つの条件や要
素の効果的な相互依存関係を維持しつつ，組織を有効に機能させなければ
ならない。その結果，企業は，自社が目指すべき「共通目的」を達成させ
るために，重要な情報と知識の「相互理解→相互共有→相互協力・支援」
を実現可能にする組織的コミュニケーション活動を通して，組織内の社員
一人ひとりが自発的な意識を持つようになる。それと同時に，自社の「共
通目的」の達成に向けて貢献しようとする意欲や態度を養うことができる
のである。

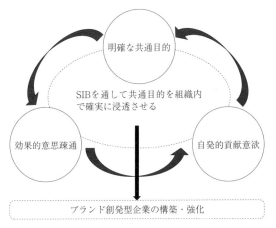

図 3‑1　組織成立の 3 要素の好循環
（注）　SIB（Strategic Internal Branding）。
（出所）　筆者作成。

　ここでは，戦略的インターナル・ブランディングが持つ重要性と必要性
を，Barnard（1938）がいう組織成立の 3 つの要素に取り入れて考えてお
こう（図 3‑1 参照）。

　まず，Barnard（1938）がいう「共通目的」を，戦略的インターナル・
ブランディングの視点から考えると，そこには自社独自のブランド理念と
ブランド・ビジョンが含まれているといえる。企業は，自社ブランドを確
立するために，自社が最も重要視する本質的な考え方や価値観・存在意義
などを明文化する必要性がある。明文化された自社独自のブランド理念と
ブランド・ビジョンが存在しない組織は，「共通目的」や方向性，一体性
を失ってしまい，組織としても成立しなくなってしまう。また，顧客をは
じめ，外部の多様なステークホルダーへのブランド・プロミスという社会
的責任も果たせなくなってしまう。さらに，競合他社から自社ブランドを
差別化させることが困難となり，顧客からの支持が得られなくなり，社員
に刺激を与えられず，ブランド構築プログラムの一貫性を失ってしまうこ

とになる。

　次に，Barnard（1938）は，組織内における「コミュニケーション」の
重要性について，次のように述べている[9]。「コミュニケーション」の技術[10]
は，いかなる組織にとっても重要な要素であり，多くの組織にとってはと
くに重要な問題である。適切な「コミュニケーション」技術がなければ，
共通の目的を組織のあらゆる活動の中心として位置づけることが不可能と
なる。「コミュニケーション」の技術は，組織の形態を形成し，組織内の
活性化に多大なる影響を与えるため，「コミュニケーション」がその中心
的な地位を占めることになる。また，組織内の多くの専門化は，本質的に
は「コミュニケーション」のために生じ，維持されている。すなわち，組
織内で「コミュニケーション」がうまく行えるような技術は，組織を有効
に機能させ活性化させていくうえで，最も重要な潤滑油のような役割を果
たしているといえる。健全なる組織の多くの場合は，各部門間または社員
同士の「コミュニケーション」が効果的に行われている。

　しかし，企業が成長していくにつれ，規模が大きくなり社員の人数も増
え，組織間の壁が生じる。また，企業は，経営が安定していくと，経営者
や社員の間で，現状満足と危機意識が薄れて，成長志向のマインドも次第
に低下していく。それと同時に，経営者と社員間または部門間のコミュニ
ケーションが不十分な状態になり，意思決定が遅れてしまう。このような
企業の体質，すなわち，硬直的かつ非効率的な組織構造が組織内に長年に
わたり蔓延すると，官僚主義的な考え方に基づいた縦割りの組織構造や事
なかれ主義などが生じてしまい，企業変革を阻むことになりかねない。

　上記の大企業病のような組織体質は，中小企業でも十分起こりうる重大
な経営課題である。それゆえ，徐・李（2019a，2019c）は，中小企業が組織
内における重要なコミュニケーション戦略の一環として，戦略的インター
ナル・ブランディングの重要性について強調している。また，徐・李

（2019a，2019c）は，中小企業が戦略的インターナル・ブランディングを組織内において推し進める際に，それを阻む大きな課題として，サイロ型といわれる縦割り組織構造を取り上げている。

　さらに，徐・李（2019a，2019c）は，上記の組織構造がもたらすリスクを次のように指摘している。「サイロ型の縦割り組織構造では，他部門と円滑に情報を共有できないため，組織内の各部門が組織全体のことを考えず，自己部門のことだけを優先しがちである。このような考え方が組織内に蔓延していくと，閉鎖的組織文化になりがちである。また，戦略的かつ組織的なブランディングを行うための部門間の連携や情報の共有もできなくなってしまうのである。その結果，ブランディング近視眼による負のスパイラルが生じ，中小企業のインターナル・ブランディング活動の中心的な軸となる自社独自のブランド理念とブランド・ビジョンを，組織内に確実に浸透させることは事実上，きわめて困難となる。」

　中小企業では，上記の組織構造上の課題を解決するために，部門間の垣根を超えた連携やコミュニケーションを中心とした戦略的なインターナル・ブランディングの実行が必要不可欠である。この活動を通して，中小企業は部門間の垣根を超え，組織的知識を創出・共有・活用することで，持続的競争優位性の確保の可能性を高めることができるのである。

　最後に，Barnard（1938）は，「貢献意欲」（協働意志）の重要性について，次のように述べている[11]。組織を構成・運営していくうえで，協働体系に対し何らかの形で貢献をしようとする人々の意欲が不可欠なものである。通常，組織の中では，「忠誠心」「団結心」「団体精神」「組織力」という言葉で使われている。このような組織への「貢献意欲」（協働意志）を引き出すために，組織的かつ体系的に推し進められるのが，本書で最も重要な概念としてくり返し強調する戦略的インターナル・ブランディングである。

4　組織成立における CEO ブランド

　先述した 3 つの要素の均衡は，組織の成立と存続において必要不可欠なものである。これら 3 つの要素が，体系的に相互に結びついて互いに影響し合うことにより，組織はより活性化していく。この時に重要な役割を果たすのが，経営トップとしてのリーダーシップとコミュニケーション能力である。経営トップは，組織内の全社員に「共通目的」を明確に理解させ，その実現への「貢献意欲」を高めるために，部門間での「コミュニケーション」を円滑に行えるように，自身の持つリーダーシップとコミュニケーション能力の発揮が欠かせないからである。

　冒頭で述べたように，Apple，Google，Amazon のようなグローバル・ブランドを有する企業をつくった 3 人の創業者は，そもそも小規模な企業の企業家の 1 人にすぎなかった。無名な 3 人の企業家が，数十年後，世界中の誰もが知る CEO となる原動力は，変革型リーダーシップとコミュニケーション能力であったと考えられる。言い換えれば，彼らは，まず，自社独自のブランド理念とブランド・ビジョンが持つ意味から全社員が強い共感を得て，それらを外部のステークホルダーに自主的に体現できる組織文化として定着するように働きかけた。また，彼らは，成長への共感と貢献意欲を高められるように，社員一人ひとりに寄り添い，自ら考え問題解決するように，常に知的好奇心を引き出すとともに，適切な権限を与えた。それと同時に，重要な意思決定の基準と正しい行動方針となる手本を，経営トップ自らが率先して見せた。さらに，時代がもたらした社会的・経済的な変化を新たな市場機会と捉え，それらをうまく活用できる革新的なビジネス・モデルを構築するとともに，「需要探索型イノベーション[12]」を生み出し，新しい市場もつくり上げることができた。その結果，3 社は，自

社ブランド価値の向上と確固たるポジションを確保し,「ブランド創発型
企業[13]」を築き上げることができたのである。

　これら3社のグローバル企業の創業者は,企業家としてリーダーシップ
を発揮し,不確実性がきわめて高い市場環境下で,自社の経営資源をバラ
ンスよく組み合わせ有効活用することで,大きなビジネス・チャンスを掴
んだともいえる。彼らがこのようなリーダーシップを発揮できたのは,全
社員が自社独自のブランド理念とブランド・ビジョンが持つ意味を,自主
的に学び,考え,「需要探索型イノベーション」を通して,外部のステー
クホルダーに徹底的に体現できるよう働きかける卓越したコミュニケーシ
ョン能力があったからである。その結果,3社は自社の実質的な企業価値
を向上させ,競合他社に対して自社独自のコーポレート・ブランドの差別
的な優位性を生み出すことができた。こうして,彼らは多様なステークホ
ルダーに,確固たるCEOブランドとして認知され,製品ブランドを超え
るコーポレート・ブランドの創造性を象徴するパーソナル・ブランドとし
て位置づけられるようになったのである。

　したがって,本書では,CEOブランドを「類まれなリーダーシップと
コミュニケーション能力を発揮した結果,競合他社と異なる自社ブランド
の優位性を生み出すことで,あらゆるステークホルダーに多大な影響を与
えるパーソナル・ブランドとしての役割を果たす最高経営責任者[14]」と定義
づける。また,狭義の意味としてのCEOブランドは,ブランド・パーソ
ナリティ[15]の知覚に影響を与えるドライバー要因の中で,製品非関連特性
(ユーザー・イメージ,スポンサー活動,シンボル,ブランドの年齢,広告スタイル,
原産国,企業イメージ,エンドーサー機能を有する有名人)の1つの要素として捉
えることができる。一方,広義の意味としてのCEOブランドは,自社独
自のコーポレート・ブランドと製品ブランドの価値と評判の向上に大いに
貢献できる重要な無形資産の要素の1つとして位置づけることができる。

企業は，このような CEO ブランドの競争優位性を構築するために，それを戦略的にブランディングすることで，競合他社と異なるコーポレート・ブランドの差別化を実現するとともに，自社の実質的な企業価値を向上させることも容易になる。

注

(1)　田中（2017：5）。

(2)　ここでいう見えざる資産とは，「技術・ノウハウ・顧客情報の蓄積，特許，ブランドや企業への信頼，流通チャネルの支配力，社員のモラルの高さ，組織力と組織風土などといった企業が持っている目に見えない資源のこと」を指す。詳細な内容については，伊丹（1987，2004b）を参照されたい。

(3)　ここでいうコーポレート・ブランドとは，競合他社と差別化させる自社独自の世界観を象徴するブランドであり，あらゆるステークホルダーが企業に対して抱く見えざる資産をシンボリックに総称したものを指す。コーポレート・ブランドにおける見えざる資産には，伝統，価値観，文化，社員，戦略，信頼，ブランド・プロミスなどが含まれている。この定義は，Aaker（2004）と伊藤（2002）に依拠している。

(4)　これは，徐（2010a：122）と徐・李（2018：21）のブランドの定義を組み合わせて再定義したものである。

(5)　徐・李（2019c：93）と徐・李（2020a：33）をもとに加筆。

(6)　ここでいうブランド・チャンピオンとは，「コーポレート・ブランド戦略に対する社員の取り組みを奨励する責任がある者」を指す。

(7)　Kotter & Cohen（2002＝2003：153）。

(8)　Barnard（1938＝1968：85）。

(9)　同上書，94-95頁をもとに若干修正。

(10)　Barnard（1938）は，「コミュニケーション」の技術の行為について具体的に述べていないが，それを今日的な視点から捉えると，情報共有のために社員同士または部門間で行われる言語的コミュニケーションと非言語的コミュニケーションという行為がこれに該当する。また，第6章で述べた ICT の発展と通信ネットワークの拡大により，多くの企業に活用されているオンライン・コミュニケーションも，進化された「コミュニケーション」の技術の行為であるといえる。

⑾　同上書，87頁をもとに修正。

⑿　ここでいう「需要探索型イノベーション」とは，「企業が長期的な視点から市場の潜在的ニーズや時代の変化を先取りし，それを満たすための革新的な製品・サービスを具体的な形として提供することで，新しい市場価値を生み出すイノベーション」を指す（徐・李 2017：22）。「需要探索型イノベーション」の詳細な内容については，徐・李（2017，2018）を参照されたい。

⒀　ここでいう「ブランド創発型企業」とは，「全社員が自社独自のブランド理念やブランド・ビジョンを明確に理解し，そこから強い刺激や共感を得ると同時に，創発的な学びの場のマネジメントを通して，外部のステークホルダーに対し，積極的かつ主体的に体現することで，自社らしい創造性を実現しているブランド中心の企業」を指す。「ブランド創発型企業」の詳細な内容については，徐・李（2016，2018，2019c）を参照されたい。

⒁　徐（2010a：13）と徐・李（2020b：19）をもとに修正。CEOブランドの詳細な内容については，徐（2010a）を参照されたい。

⒂　ここでいうブランド・パーソナリティとは，「ある所与のブランドから連想される人間的特性の集合体」を指す（Aaker 1996＝1997：181）。

第4章
インターナル・ブランディングの基本プロセス

　従来のブランド戦略論またはブランド・マネジメント論に関する研究では，顧客と消費者に焦点を当てたエクスターナル・ブランディングが主流であった（Aaker 1991；Keller 1993, 1998, 2003, 2009）。企業のブランドに価値があるかどうかを決める最終意思決定権を持つのは，あくまでも顧客と考えるからである。一方，企業独自のブランド理念とブランド・ビジョンが組織内部に浸透し，それに則した形で社員がステークホルダーに体現し伝えることに焦点を当てて論じられるインターナル・ブランディングに関する研究は比較的新しい分野であるがゆえに（Aaker 2014；徐 2008b, 2010a, 2014a；徐・李 2016, 2018, 2019a, 2019b, 2019c, 2020a, 2020b, 2021；高柳 2016；牧口 2002；宮下 2012；電通インナーブランディングチーム・桑畑 2011；Mitchell 2002；Punjaisri & Wilson 2007, 2011；Vallaster & de Chernatony 2005, 2006），インターナル・ブランディングをより深く考察することには意義がある[1]。マネジメントの実行主体は，あくまでも企業であり，組織行動特性を考慮することなしに，最適なブランド戦略を策定・実行することはできない（小林・高嶋 2005）。言い換えれば，企業がインターナル・ブランディングを全社的かつ戦略的に推し進めるためには，強い組織能力が必要不可欠なのである（阿久津 2004；阿久津・勝村 2016；一般財団法人ブランド・マネージャー認定協会 2015；徐 2010a；徐・李 2016, 2018, 2019a, 2019b, 2019c, 2020a, 2020b；DIAMOND ハーバード・ビジネス・レビュー編集部訳 2005；Hatch & Schultz 2008；

Vallaster & de Chernatony 2005, 2006)。

　いかなる企業でも，自社が掲げるブランド・ビジョンと経営者・社員の普段の言動との間にずれが生じると，顧客・消費者，社会の自社ブランドに対する不満と不信感が増幅する結果を招く（徐 2010a, 2014a）。これは規模の大小を問わずあらゆる企業に当てはまる大きな経営課題である。このような事態を未然に防ぐために，企業は顧客の心をつかもうとする前に，社員を自社独自のブランド理念とブランド・ビジョンに強く共感させると同時に，自社に対する愛社精神を高められるよう働きかけるべきである。

　ブランド・プロミスの実現を目指す企業の究極の目的は，「市場変化に強く信頼性の高いブラン${}^{(2)}$ド」を創ることである。企業はその実現のため，まず自社独自のブランド理念とブランド・ビジョンが持つ意味を明確に示し，共感を得られるよう全社員に働きかけなければならない。それと同時に，組織内において創造的かつ画期的なアイデアの発見やブランド構築・浸透プログラムを実行できるように，部門横断的な連携やコミュニケーション活動を行うことがきわめて重要である。その実現により，多くの社員は，自社独自のブランド理念とブランド・ビジョンの意味を創造的に学び取り，それらを外部の多様なステークホルダーに対して，積極的に体現し伝えられるようになる。くり返しになるが，このような戦略的かつ組織的な取り組みを徹底的に実践する「ブランド創発型企業」を構築・強化するためには，経営トップから末端社員までが一丸となって，全社的に取り組むインターナル・ブランディングが必要不可欠なのである。

1　インターナル・ブランディングの重要性

　本書では，インターナル・ブランディングに焦点を当てているが，企業にとってはエクスターナル・ブランディングも重要な取り組みである。冒

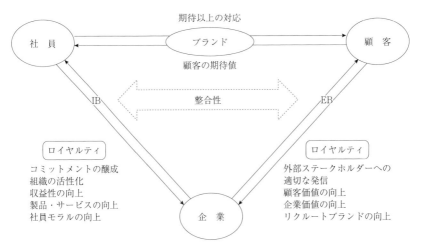

図 4 - 1　 2 つのブランディングの整合性
（注）　EB（External Branding），IB（Internal Branding）。
（出所）　日本総研のウェブサイトをもとに筆者作成。

頭で述べたように，あくまでも企業のブランド価値を決める最終意思決定権を持つのは，顧客なのである。そのため，最も重要なのは，インターナル・ブランディングとエクスターナル・ブランディングの両者を最適な状況に保つマネジメントであり，それこそが企業が今後取り組むべき戦略的ブランディングのあり方なのである。また，図 4 - 1 に示されているように，企業は，インターナル・ブランディングとエクスターナル・ブランディングとの整合性を高めることを目的とした全社的な取り組みが必要不可欠である。しかし，これを実現するためには，顧客を説得する前に，まずブランド・ビジョンと価値を体現し伝えることになる社員を説得し味方につけ，自社ブランドを確立させなければならない。なぜなら，自社ブランドの価値創造の原動力となるものを生み出すのも，顧客に対して自社のブランド・ビジョンと価値を伝えるのも，社員だからである。

　強いブランドを持つ企業は，インターナル・ブランディングを全社的か

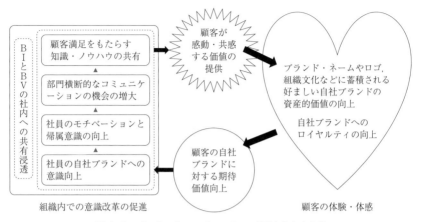

図4-2　インターナル・ブランディングがもたらす効果

（注）　BI（Brand Ideal），BV（Brand Vision）。
（出所）　コアコード株式会社のウェブサイトをもとに筆者作成。

つ戦略的に取り組むことで，図4-2が示しているような好循環プロセスを生み出している。すなわち，自社独自のブランド理念とブランド・ビジョンを組織全体に確実に浸透させることで，まず，自社ブランドとは何か，それが目指すものは何かについて，全社員が明確に理解・認識すると同時に，それを常に意識してもらえるように働きかける。その後，全社員の会社に対する帰属意識を向上させるだけではなく，仕事に対するモチベーションも高められるように仕掛ける(3)。それと同時に，部門横断的な連携やコミュニケーション活動を通して，顧客満足をもたらす知識・ノウハウを共有させ，ブランド理念とブランド・ビジョンが持つ意味を自発的に体現できるように促す。その結果，常に顧客が感動・共感するような価値を提供し続けることが可能となる。また，顧客の心の中に自社ブランド・ネームやロゴ，組織文化など，好ましい自社ブランドの資産的価値が向上し，それがポジティブなイメージとして蓄積され，企業と製品に対する顧客のブランド・ロイヤルティが高まっていく。このような好循環プロセスを生む

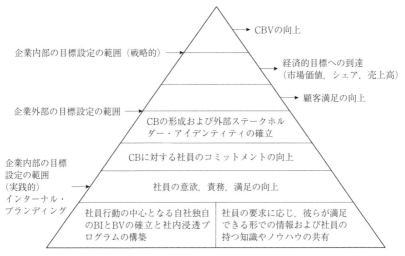

図 4-3　コーポレート・ブランド・マネジメントの目標設定システム
(注)　BI (Brand Ideal), BV (Brand Value), CB (Corporate Brand), CBV (Corporate Brand
Value)。
(出所)　Esch, Tomczak, Kernstock, Langner, Redler (2004：261) をもとに筆者作成。

ことにより，企業は自社ブランドに対する顧客の期待価値を高めることが
できる。さらに，企業はその成果をフィードバックして，顧客の期待に応
え，社員の自社ブランドへの愛着心をいっそう高めるといった好循環を生
み出すために，インターナル・ブランディングをより戦略的に活用するこ
とができる。そのため，企業にとってインターナル・ブランディングは，
組織内での意識改革を促すきっかけづくりとして継続的に行う組織文化を
醸成する役割を果たさなければならない。さらに，外部ステークホルダー
との信頼の絆を強化し続けるための全社的かつ戦略的な取り組みでもある。
　つまり，インターナル・ブランディングは，自社ブランドの存在価値を
高めるための成長エンジンとして位置づけられる。図 4-3 は，インター
ナル・ブランディングを通して生み出される自社のコーポレート・ブラン
ド・マネジメントの目標設定システムを表したものである。企業はインタ

ーナル・ブランディングを通して，社員行動の指針となる自社独自のブランド理念とブランド・ビジョンの社内浸透プログラムの構築・定着を促す。それと同時に，社員の要求に応じて彼らが生き生きと働けるような自由闊達な組織文化と自社のより強いコーポレート・ブランドの構築・強化も促進する。また，自社ブランドへの意見・情報・知識・ノウハウを社員同士で共有できるような啓蒙活動の実施を支援する。

　近年，インターナル・ブランディングの重要性が年々高まっている背景には，次のような6つの変化要因が挙げられる。

①相次ぐ企業の不祥事による自社ブランドに対する顧客の不信感と社員の仕事に対するモチベーションの低下
②本来あるべき自社独自の創業の精神・理念・哲学に対する理解・認識と倫理教育の不足によるトップ・マネジメントを含む社員の倫理観・モラルの欠如
③「会社・労働環境」「職場の人間関係」「賃金報酬制度」といった職場環境への不満と社内コミュニケーションの不足による離職率の増加
④労働人口の減少による人材不足と，自社独自のブランド理念とブランド・ビジョンなどに共感してくれる人材確保が困難な点
⑤組織内の各部門が組織全体のことを考えず，自己部門のことだけを優先する閉鎖的組織文化がもたらす「サイロ型の縦割り組織構造」による情報の共有や連携の不足
⑥21世紀の新しい経営パラダイムであるSDGs（持続可能な開発目標）を盛り込んだ自社独自のブランド理念とブランド・ビジョンの社内浸透への社会的な需要と役割，その重要性の増加

　また，企業にとってインターナル・ブランディングが最も必要とされ，かつ最大の効果を発揮するタイミングとしては，次のような場合が挙げら

れる。

①企業の不祥事などから企業を再生させようとする場合
②経営トップが交代し社風を刷新したい場合や創業周年事業としてブランド強化を図ろうとする場合
③急激な市場変化に社員の意識が追いついていけない場合
④業務改革や新たな情報システムが現場になかなか定着しない場合

そして，上記のように最大の効果を生み出し強い企業文化を構築するためには，以下のような4つの条件が必要不可欠である。

①ブランド・ブックの効果を過信しないこと
②社員全員参加を第1に考えること（関与・参加させて，「自分ごと化」させること）
③半年や1年の短期間でできると考えないこと（経営トップの理解をもとに中長期的な観点から取り組むこと）
④インターナル・ブランディング活動への自主的な意欲を引き出せるように，共感する仲間を増やしていくこと

2　インターナル・ブランディングの実行方法

くり返し述べているように，企業が有するブランド価値に対する最終意思決定権は，あくまでも顧客が持っている。しかし，すでに強調したように，企業の存在意義をはじめ，会社・製品・サービスのブランドが市場に広く受け入れられるように，ものをつくるのも，売れ続ける仕組みを生み出すのも，それらの良さを伝え売るのも，社員なのである。すなわち，社

員は，日々ビジネスの現場で自社のブランドづくりに直接に関わるだけではなく，顧客をはじめとする外部ステークホルダーに対して自社ブランドの価値を体現し伝えている（Mahnert & Torres 2007）。そのため，企業にとって，インターナル・ブランディング活動は，さまざまな側面において外部ステークホルダー向けのエクスターナル・ブランディングより重要であるといえる（Jacobs 2003）。

　図4-4は，インターナル・ブランディング活動に取り組む理想的な企業の一連のプロセスを示したものである。まず，企業はインターナル・ブランディングを通して，自社独自のブランド理念とブランド・ビジョンを全社員に明確に理解・認識し，そこから強い刺激や共感を得ると同時に，それらを創造的に学び取らせるように働きかける。また，社員の家族にも浸透させ，家族が自社に対する愛着心を持ち，自社を支持するように仕掛ける。最終的には，自社独自のブランド理念とブランド・ビジョンを，全社員が外部の多様なステークホルダーに対して，自社ブランドの価値として体現し伝えることが可能になる。その結果，外部の多様なステークホルダーに信頼され，支持され選ばれ続けるコーポレート・ブランドになっていく。すなわち，強力なブランドは，組織内から構築される（Powerful brands are built from the inside out）ともいえる[(4)]。

　また，くり返しになるが，企業が行うインターナル・ブランディングには，次のような3つの目指すべき目的がある。

　①自社ブランドに対するポジティブな態度を全社員に確立させること
　②自社ブランドの価値に対する全社員の知識を向上させること
　③自社独自のブランド理念とブランド・ビジョンを体現し伝えるためのコミュニケーション能力を高めることで，外部の多様なステークホルダーの期待価値を最大化させること

図4-4　インターナル・ブランディングの一連のプロセス
(注)　IB（Internal Branding）, BP（Brand Penetration）。
(出所)　徐（2014a：6）をもとに筆者作成。

図4-5　ブランド価値創造プロセス
(注)　IB（Internal Branding）, BA ⅰ（Brand Am-
　　bassadors）, BA ⅱ（Brand Advocates）, BVC
　　（Brand Value Creation）。
(出所)　徐（2014a：7）をもとに筆者作成。

　これらの目的を実現することで，企業はブランド価値を創造することが
できる（図4-5参照）。その結果，顧客にも自社ブランドの価値が伝わり，
ブランドに対する忠誠心と愛着心が次第に強まり，知人などに自社ブラン
ドの価値を自発的に推奨する「ブランドの熱狂的支持者」となり，自社ブ
ランドの価値がいっそう高まる。

　インターナル・ブランディングは，ブランド・ビジョンを組織内部の全
社員に認識・理解してもらうことから始まる。また，企業は，インターナ
ル・ブランディングを通して，組織内部において時系列にブランド・ビジ
ョンを浸透させると同時に，それを体現する情熱的なブランド・アンバサ
ダーとなる人材を戦略的かつ体系的に育成しなければならない。とりわけ，
企業は，インターナル・ブランディングを通して，自社のブランド・ビジ
ョンに対する社員の3つのマインドの変化（①表面的に「知る」段階→②概念

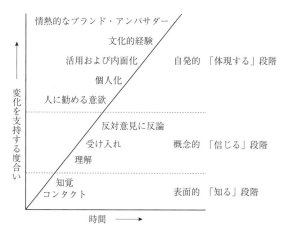

図4-6　社員の3つのマインドの変化
（出所）　電通ブランド・クリエーション・センター訳（2004：196）
　　　　をもとに筆者作成。

的に「信じる」段階→③自発的に「体現する」段階）を引き起こさなければならない（図4-6参照）[5]。すなわち，インターナル・ブランディングは，社員ブランディングであるともいえる[6]。

　また，企業は，図4-7で示されているように社員を4つのタイプに分け，彼らに対する戦略的な人事評価と人材育成マネジメントを実行しなければならない。企業が最も高く評価すべき社員はタイプ1に当たる。彼らは企業が求める理想的なコア社員である[7]。ブランド・ビジョンを徹底的に体現しつつ，業績アップにも大いに貢献しているからである。それゆえ，ブランド・ビジョンのポジティブ・スパイラルを起こせる情熱的なブランド・アンバサダーに最もふさわしい。このタイプ1のような自社が目指すべき方向性を明確に認識・理解し，自社ブランドに対する忠誠心を持つ社員の集団を，企業はインターナル・ブランディングによって継続的に創出しなければならない[8]。次に企業が高く評価する社員はタイプ3に当たる。彼らは，自社のブランド・ビジョンに共感しているものの，まだ十分な業

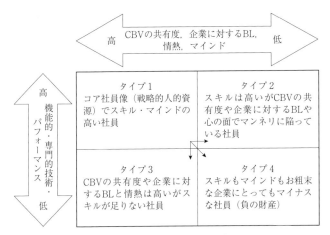

図4-7　4つの社員のタイプ

（注）　→は，タイプ1の社員が有する高スキルとノウハウなどの共有を示す。
　　　BL（Brand Loyalty），CBV（Corporate Brand Value）。
（出所）　徐（2010a：271）をもとに筆者作成。

績をあげていない。彼らに対して企業は，ブランド・ビジョンを共感して
いることをいっそう奨励しつつ，業績をあげられるようにスキル・アップ
できる教育機会を与えなければならない[9]。

　同時に，企業側は，タイプ1の社員が有するブランド理念とブランド・
ビジョンの体現における高いスキルとノウハウなどを社内で共有できるよ
う，さまざまな場を積極的に提供しなければならない[10]。この方法は，すべ
てのタイプの社員にも該当する。タイプ2に当たる社員に対しては，タイ
プ3の社員より評価を低く設定し，自社のブランド・ビジョンに一貫した
行動を促すように働きかけなければならない。なぜなら，時間が経過して
も，タイプ2の社員の行動に好ましい変化が伴わない場合には，タイプ2
の社員はタイプ4へと転落するからである。そのため，企業側は，タイプ
2とタイプ4の社員が自社のブランド・ビジョンについて明確に認識・理
解できるように，さまざまな場で知識やノウハウ，スキルなどを共有させ

ることが必要である[11]。加えて，イントラネットでのメール・サーバー構築，ブランド・ブック，社内報，社内における各種のブランディングに関する講座・セミナー・研修会・ワークショップといった多様な仕組みや取り組みを通して持続的に働きかけなければならない。その際に，必要とされるのは，①わかりやすい言葉，②直接的なコミュニケーション（ブランド・アンバサダーの育成），③間接的なコミュニケーション（社員の自発性を重視した仕組み），④社員のブランドに関する行動の評価，⑤機能ごとの目標設定と個々の社員の目標設定と評価，⑥社員間と部署間の連携，⑦顧客の本音に対する真摯な対応などが挙げられる。

3　企業発展プロセスにおけるインターナル・ブランディングの浸透

　一般に，企業の発展プロセスは，創業期，成長期，成熟期に分類することができるが，今日の企業を取り巻く激変するグローバル市場環境を鑑みると，転換期（または変革期）を加え，4段階に拡大して分類したのが妥当であろう。企業は，それぞれの段階で，自社のブランド・ビジョンを組織内に浸透させるための戦略的なツールが異なってくる（図4-8参照）。

　まず，創業期においては，主にインターナル・ブランディングのコア・ツールとして，企業の経営トップ（創業者）がリーダーシップを発揮し，自社のブランド・ビジョンを組織内の全社員に浸透させ，モチベーションを高めることで生産性の向上につなげる。

　次に，成長期では，自社のブランド・ビジョンを組織内部の全社員に一層浸透させるための多様で巧みな仕組みが求められる。たとえば，以下のようなものが挙げられる。

　①ブランド・ビジョンにおける社内浸透プロセスの構築

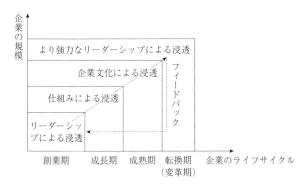

図4-8　4つの戦略的な浸透ツール
（出所）　徐（2010a：275）をもとに筆者作成。

②社員の満足・価値を向上させるための職場環境づくり

③コーポレート・ブランドに対するロイヤルティと仕事に対するモチベーションを高めるための多様なインセンティブ制度

④社員に対する持続的な教育投資，とりわけコア社員に対する集中的な教育投資

　そして，成熟期では，組織内の全社員が首尾一貫した行動や信念に基づき，外部のステークホルダーに対してブランド・プロミスを築き上げてきた企業文化を中心とし，企業の創業精神，哲学，ミッション，サブ・カルチャーなどを組織内の全社員に浸透させていく。企業文化は，組織内の全社員の一貫した行動を方向づけ，企業に対する忠誠心・誇りなどを高める。それと同時に，外部のステークホルダーには，好意的な自社ブランド・イメージを与え，購買意欲を促すことによって，企業の高収益性に影響を与えることができるからである。

　最後に，転換期（変革期）では，企業の持続的な成長を阻害するさまざまな要因，すなわち官僚主義的な経営体質，社員の慢心・油断，社員の倫

理観の欠如などを的確に把握し，組織内から取り除くための組織改革を実現できる強力なリーダーシップがさらに要求されるようになる。

　しかし，すべての企業が，必ずしも図4-8のように4つのプロセスを経て，戦略的な浸透ツールのように展開されていくとは限らない。企業の発展プロセスは，その時の状況や環境によって，4つの戦略的な浸透ツールを同時並行的に展開するか，各々の状況に応じてバランスよく活用する場合もある。

　企業発展プロセスにおけるブランド・ビジョンの社内浸透の4つのプロセスを踏まえ，企業がインターナル・ブランディングを実行するためには，コーポレート・ブランドの基盤をつくり，コーポレート・ブランド体質を構築していくプログラムを組織内に体系的に設けなければならない。それ[12]ゆえに，企業は，図4-9のようなインターナル・ブランディング・プロセスにおける4段階と8つのタスクについて深く考慮する必要がある。[13]第1段階としては，奨励（Endorse）が挙げられる。これは，ブランドによる意識改革の土壌づくりであり，これに関わるタスクは，①推進体制・計画の構築，②ブランディングへの意識醸成である。第2段階としては，教育（Educate）が挙げられる。これは，徹底した社内啓発の場づくりであり，これに関わるタスクは，③ブランド行動指針の規定，④ブランド戦略の啓発である。第3段階としては，実践（Execute）が挙げられる。これは，実践を容易にする環境整備であり，それに関わるタスクは，⑤部門・個人ごとの目標設定，⑥活動の支援・広報が挙げられる。第4段階としては，評価（Evaluate）が挙げられる。これは，正当な評価・報奨の場づくりであり，これに関わるタスクは，⑦活動の測定と評価，⑧貢献部門への報奨・発表である。

　企業が効率的かつ効果的なインターナル・ブランディングを組織内において目に見えるような形で行うためには，3つの鉄則を必ず実践しなけれ

図4-9　インターナル・ブランディング・プロセスにおける4段階と8つのタスク
（注）　IBP（Internal Branding Process）。
（出所）　牧口（2002：32-37）をもとに筆者作成。

ばならない。それは，「企業理念からつくる」「全社員を巻き込む」「ミラー効果」の3つである。

　インターナル・ブランディングの実践における第1の鉄則は，明確な企業理念に基づいたブランド・ビジョン（自社ブランドのあるべき姿）の策定である。これは，企業の経営トップをはじめ，組織内部の全社員に対する行動指針と信念を表すものであると同時に，外部のステークホルダーに対するブランド・プロミスでもある。

　第2の鉄則は，明確なブランド・ビジョンを理解したうえで，企画の初期段階から多くの社員を巻き込み，早い段階から社員の一体感・連帯感・参加意識を形成することである。企業は，社員参加型のインターナル・ブ

ランディングを行わなければならない。ここでいう社員参加型とは，リーダーシップ不在の受動的なスタイルではなく，社員自らマネジメントに参画する能動的なスタイルを指す。社員参加型マネジメントが機能している企業が社員に求めるのは，具体的な職務遂行や企業全体のパフォーマンスに向けた改善策の発見・運営で，単に指示されたことを実行するだけではない。社員一人ひとりが自ら考え，状況を判断し，行動することである。

　第3の鉄則は，確立されたブランド・ビジョンをプロジェクト・チームが社内に浸透させることである。近年，日本の大手企業は，ブランド・ビジョンが確定されたら，それを社内に浸透させる専門組織であるブランド・マネジメント戦略室のようなプロジェクト・チームを発足する。その役割は，社内向けのブランディングだけでなく，マーケティング担当者などと連携し，社外向けのブランディング活動でも含まれる。外部ステークホルダーにブランド・ビジョンを体現することにより，自社ブランドの価値と評判の向上を促すことができる。それが社員のモチベーションの向上にもつながる。これが「ミラー効果」である。このようなブランド・マネジメント専門組織の取り組みは，社員のモチベーションやブランドの浸透度など特定の管理指標を通して定量的・定性的に評価され，次なる行動（業務活動・営業活動など）へとつなげられる。

　したがって，企業が自社ブランドの価値をいっそう向上させるためには，経営者と社員の間に生じるコミュニケーション・ギャップを最小限にするとともに，社員の自社ブランドに対する愛着心・忠誠心と仕事に対するモチベーションを高めるため，インターナル・ブランディングに戦略的かつ体系的に取り組まなければならない。インターナル・ブランディングの究極の目的は，社員のブランド価値に対する知識，ブランド価値に対する肯定的な態度，ブランド価値を伝えるための能力を高め，外部のステークホルダーの期待価値を向上させることなのである。

4　企業変革におけるインターナル・ブランディング

序章から第4章を通してわかったのは以下の6点である。第1に，企業がインターナル・ブランディングを行うに当たって最も重要なのは，経営トップが自社独自のブランド理念とブランド・ビジョンをさまざまな場を通して，常に社員に語り続けることで，全社員が理念・ビジョンに強く共感し，それらを外部の多様なステークホルダーに対し自発的に体現し伝えることである。この取り組みこそが組織の結束力を驚くほど強固にする。全社員が自社独自のブランド理念とブランド・ビジョンからの強い共感・共有，その創造的な学び・考え・体現することが，「ブランド創発型企業」を構築・強化するうえで最も大きな原動力となるのである。

第2に，中小企業であっても強いブランド力を持つ企業は，インターナル・ブランディングを通して，自社ブランドの価値を向上させるための問題解決策を見つけ出し，社員自らが主体的に考え行動するという自律分散型の組織文化の構築・強化を促している。

第3に，企業はインターナル・ブランディングを通して，経営トップや経営幹部レベルだけでなく，実務レベルに落としこまなければならない。

第4に，企業は教育を超えた感化というレベルでのインターナル・ブランディングを行わなければならない。

第5に，企業はインターナル・ブランディングを現場レベルで拡大し，強いブランドづくりにつなげるために，常に変化する顧客接点において適切な判断ができるよう，社員に十分な権限を与えなければならない。

第6に，企業はインターナル・ブランディングを通して，自社独自のブランド理念とブランド・ビジョンが組織内にどれくらい浸透しているかを定期的かつ継続的にモニタリングし，フィードバックしなければならない。

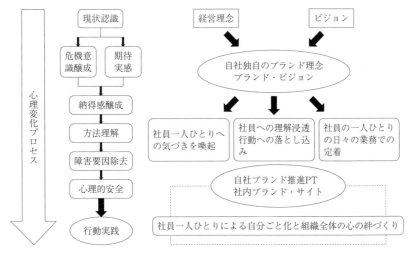

図4-10 企業変革の好循環を生む「自分ごと化」

（注） PT（Project Team）。
（出所） 株式会社イマージェンスとアーキレッジ株式会社のウェブサイトをもとに筆者作成。

　上記のほかにも「ブランド創発型企業」を目指すには，独自のブランド理念とブランド・ビジョンを組織全体で共感・共有・浸透させるための「自社ブランド推進プロジェクト」と「社内ブランド・サイト」を組織内で構築することがきわめて重要である（図4-10参照）。それと同時に，心理的変化過程（①現状認識→危機感醸成＋期待実感→納得感醸成→方法理解→阻害要因除去→心理的安全→行動実践）を用いた戦略的なインターナル・ブランディングをも同時並行的に行うべきである（図4-10参照）。

　第5章では，企業が「ブランド創発型企業」を構築・強化するために，今後取り組むべき戦略的インターナル・ブランディングを，リーダーシップ論と企業変革論の世界的権威であるKotter（1995, 1996）が提唱した企業変革の推進における8段階のプロセスに適用することで，より戦略的かつ普遍的なインターナル・ブランディングのプロセスを提示する（図4-11参照）。

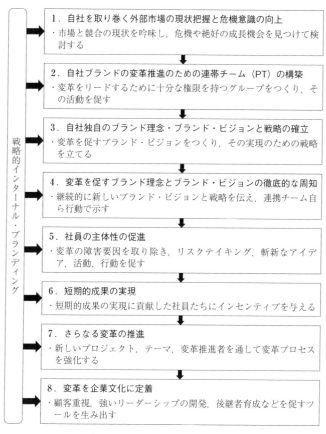

図4-11　企業変革の推進プロセス

（注）　PT（Project Team）。
（出所）　Kotter（1996＝2002：45）をもとに筆者作成。

注

(1)　インターナル・ブランディングは，主に社員の採用活動，仕事に対する満足度や
　　モチベーション，サービスの質，権限移譲などに焦点を当てており，1970年代末か
　　ら行われているインターナル・マーケティングの研究から派生して発展してきた研
　　究分野である。2000年以降，インターナル・ブランディングに関する研究は本格的
　　に始まった。詳細な内容については，Rekha & Sasmita（2019）を参照されたい。

(2)　ここでいう「市場変化に強く信頼性の高いブランド」とは，各々の時代における

潜在的ニーズを競合他社より先駆けて満たすことにより，市場における自社の確固たるポジションと競争優位性を確保したブランドを指す。

(3)　社員の仕事に対するモチベーションを高めるためには，①福利厚生制度の充実，②成果に対する報酬制度，③ソーシャル・キャピタル（組織内における人間関係，信頼関係，協力関係の確立）の促進が必要不可欠である。詳細な内容については，第5章と第6章を参照されたい。

(4)　詳細な内容については，Aaker（2014：123-131）を参照されたい。

(5)　Davis & Dunn（2002＝2004：195-196）。Aaker（2014）は，①「学ぶ（learning）」段階⇒②「信じる（believing）」段階⇒③「実現する（living）」段階に分けている（Aaker 2014：125-128）。

(6)　社員ブランディング（Employee Branding）は，以下の3つの構成要素からなる。それらは，①社員が好ましいブランド・イメージを吸収し，②動機づけ，③顧客と他の組織の社員に対してイメージを投影することである。社員ブランディング（Employee Branding）のより詳細な内容については，Miles & Mangold（2004）を参照されたい。

(7)　ここでいうコア社員とは，自社ブランドに対する愛着心と忠誠心を持ち，高度な知識とノウハウ，能力を兼ね備え，長期間にわたってコミットする社員を指す。

(8)　企業は，部署・部門間の垣根を超えた場の連携やコミュニケーションを通して，タイプ1の社員が，タイプ2・3・4の社員に，彼らの経験やスキルと知識を共有させることで，最終的にタイプ1の社員を継続的に増やせるように働きかけるべきである。

(9)　具体的には，社員が自社のブランド・ビジョンに共感し，それを体現できるスキルの向上とマインドセットの確立を促すことができる社内や社外の研修，ワークショップ，セミナー，講座，勉強会，異業種交流会などといった場を提供することである。企業は，これらの場に定期的に参加するような文化を醸成し，そこから学んだことを他の社員にも情報共有できるように奨励することで，組織をよりいっそう活性化させることが可能となる。

(10)　その場として，ブランド・ビジョンの体現による成功体験に関するプレゼンテーション大会をはじめ，チャレンジ・アワード表彰式，前向きな失敗大賞，スキルアップを目的にした社内勉強会，インターナル・ブランディング・メンターによる知識共有会が挙げられる。企業はこれらの場を通して，タイプ1の社員が持つ豊富な知識やスキル，ノウハウをその他のタイプの社員に伝授させることで，ブランド・ビジョンを体現する好循環を生み出すことができる。

⑾　タイプ2とタイプ4の社員をタイプ1の社員と頻繁に接する機会を提供することにより，彼らがタイプ1の社員に感化され，マインドセットの確立とスキルアップができるように働きかけなければならない。

⑿　①，②，③に関する研修やイベントがプログラムに該当する。①冊子や動画による理念やビジョンの浸透，②人間関係や信頼関係を高めるための新入社員と中堅社員の交流会，③人材育成。

⒀　ここでいうインターナル・ブランディング・プロセスにおける4段階と8つのタスクのより詳細な内容については，牧口（2002）を参照されたい。

⒁　杉山（2006），135-137頁。

⒂　Sirota et al.（2005＝2006：178-179）。

⒃　ブランド・マネジメント専門組織のより詳細な内容については，徐（2010a：88-89）を参照されたい。

⒄　ここでいう「社内ブランド・サイト」には，従来のインターナル・ブランディング活動のコミュニケーションツールであるブランド・ブックス，社内ポスター・社内報，ブランド・カード，ブランド・ビデオだけではなく，社内ポータルサイトをはじめ，自社専用のSNS，オンライン会議ツールなどが挙げられる。

第5章
企業変革におけるインターナル・ブランディング

1　企業変革の重要性

　「脱皮できない蛇は滅びる[1]」。蛇はなぜ脱皮しなければならないのか。その理由は，外部環境の変化に合わせ，自分の体を大きく成長させると同時に，自らの姿を進化させるためである。この言葉が持つ意味は，組織進化論にも通じるものがある。すなわち，企業組織は，外部環境の変化に適合しない古い考え方や価値観に固執しすぎると，次第に内側から個々人の意識改革や成長欲求が止まり，その結果，市場から淘汰されてしまう。したがって，企業組織は，常に外部環境や価値観の変化に対応できるような体質づくりに積極的に取り組まなければならない。同時に，従来の組織ルーチンや組織能力から新たな変化と価値を創出する企業変革を推進することで，組織内の新陳代謝を活性化させ，さらなる進化を遂げることができるのである。

　今日の市場環境は，かつてないほどの速いスピードで大きな変化を遂げており，多くの競合他社との激烈な競争が繰り広げられている。このことは，先が読めず不確実性がきわめて高いことを意味する。たとえば，①急速な技術革新の進展による消費者のニーズの高度化・多様化，②ナショナリズムによる保護貿易主義の台頭，③反グローバリズム勢力の拡大，

④ESG（Environment, Social, Governance）・SDGs の関心への高まりなどが挙げられる。このような激変する外部の市場環境の中で，企業は絶えず組織を変革する戦略的かつ組織的な取り組みを実行していかない限り，持続的な成長は望めない。不連続的な進化や変化の激しい市場環境下において，企業変革は，企業の成長において必要不可欠な革新活動であるといえる。

　今日の企業は，上記のような外部の市場環境の変化に対して，柔軟かつ迅速に対応できるような組織能力を高めなければならない。だが，これを阻むいくつかの要因がある。たとえば，以下のようなものである。

①セクショナリズム・官僚主義的な縦割り組織による社内コミュニケーションと情報共有の不足，一体感の欠如
②経営トップのリーダーシップ不足による社内の理念定着率の低さと実行力の不足
③①と②による社員の自社に対する組織コミットメント・社員エンゲージメントの欠如，モチベーションの低下と離職率の高さ
④M&A と経営統合による企業文化の対立と価値観の不一致

　中小企業であっても，上記の「大企業病」のような成長の阻害要因を解決しない限り，企業変革の実現と自社ブランド価値を向上させることはできない。企業は，規模が拡大されていくにつれ，現状に満足し，危機意識が欠如し，成長志向のマインドがかなり低下していく。同時に，経営者と社員間または部門間のコミュニケーションが不十分な状態または断絶され，意思決定が遅れてしまう。このような企業の体質，すなわち，硬直的かつ非効率的な組織構造が組織内に長年にわたり蔓延すると，官僚主義的な考え方に基づいた縦割りの組織構造や事なかれ主義などが生じてしまい，企業変革を阻むことになりかねないのである。

　企業は変革と成長の阻害要因を解決するという共通の目的と戦略的意図を組織全体に明確に示さなければならない。それと同時に，企業は全社員の意識改革をはじめ，創発的な学びの場のマネジメントの実現，組織内での自社独自のブランド・ビジョンの確実な浸透と体現，その実践などを可能にする企業変革を実行しなければならない。

2　インターナル・ブランディングの普遍的なプロセス

　本章では，リーダーシップ論と企業変革論の世界的な権威であるKotter（1995，1996）が提唱した企業変革における8段階プロセスの視点から捉える戦略的インターナル・ブランディングの普遍的なプロセスを提示する（図5-1参照）。この全社的な取り組みの究極の目的は，「ブランド創発型企業」の構築・強化により企業変革を達成することである。

危機意識の向上

　組織内における危機意識の向上は，企業変革の一環として取り組む戦略的インターナル・ブランディングを促す最初の段階において，最も重要な推進力となる。だが，危機意識が低い状態，すなわち，現状満足が組織内に蔓延している状態では，多くの社員は戦略的インターナル・ブランディングへの取り組みに貢献意欲を示さない。言い換えれば，今の安定した売上・利益を維持する製品に力を入れ，現状を肯定するという経営者の老化現象が組織内に生じ，現状満足の度合いが高まることで，組織全体が硬直化してしまう（清水 1983）。このような状態の維持に賛同する経営トップや社員が増えれば増えるほど，企業変革の必要性を感じなくなる。そのため，組織内において十分な危機意識が浸透せず，戦略的インターナル・ブランディングを組織的に推し進めることはきわめて困難なものとなる。そ

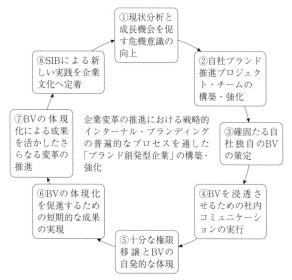

①現状分析と成長機会を促す危機意識の向上

②自社ブランド推進プロジェクト・チームの構築・強化

⑧SIBによる新しい実践を企業文化へ定着

③確固たる自社独自のBVの策定

⑦BVの体現化による成果を活かしたさらなる変革の推進

企業変革の推進における戦略的インターナル・ブランディングの普遍的なプロセスを通した「ブランド創発型企業」の構築・強化

④BVを浸透させるための社内コミュニケーションの実行

⑥BVの体現化を促進するための短期的な成果の実現

⑤十分な権限移譲とBVの自発的な体現

図5-1　インターナル・ブランディングの普遍的なプロセス
（注）　BV（Brand Vision），SIB（Strategic Internal Branding）。
（出所）　Kotter（1995, 1996）をもとに筆者作成。

　の結果，企業変革の一環として行う戦略的インターナル・ブランディングの推進に必要な権限委譲と社員の自己犠牲が期待できず，それに対する抵抗勢力が強まる。同時に，戦略的ブランド・ビジョンの浸透をはじめ，革新的な製品・サービスの創造，品質向上などを実質的な価値として転換することができなくなるのである。

　そこで企業は，戦略的インターナル・ブランディングに取り組む前の段階として，表5-1のような方法を通して，組織内における危機意識を高めなければならない。このためには，まず，適切な市場情報を俯瞰的かつ客観的に分析し，社員に対して「見える化」することが不可欠である。はっきり目に見える危機的状況が存在していないと，現状満足を生んでしまうからである。

　しかし，市場は常に変化し続けるダイナミックな生態系である（徐・李

表5-1　危機意識を高めるための方法

(1)	業績上で赤字を出すマネージャーたちに競合他社と比較し自社の弱点を明示する，最終段階で間違いを是正するのではなく途中でその間違いを明示する，といった手段を通して危機的状況を生み出す。
(2)	贅沢の象徴（たとえば，会社所有のカントリークラブ施設，豪華な役員食堂）を廃止する。
(3)	ビジネスを通常通りに進めていたのではとても達成不可能な売上，利益，生産性，顧客満足，生産期間の目標を設定する。
(4)	各部門の業績を狭い専門分野内の目標のみに基づいて設定することをやめ，もっと数多くの社員が，より広範な企業全体の業績の向上に責任を持つべきであることを明確に要求する。
(5)	さらに数多くの社員に，顧客満足や企業業績に関するデータ，特に競合他社に比較して自社の弱点に関する情報をふんだんに提供する。
(6)	社員に対して不満を抱く顧客，満足していない供給企業，怒りをあらわにしている株主に，頻繁に接触することを求める。
(7)	経営会議において，正確なデータを提供し，率直な議論を促すために，外部コンサルタントやその他の方法を活用する。
(8)	社内報や，経営幹部によるスピーチに，企業の抱える諸問題を率直に表明していく。経営幹部による「すべてがうまくいっている」という発言をやめる。
(9)	将来，待ち構えている絶好の機会を実現することから生まれる素晴らしい利益，さらにこれらの機会を追求していくうえで，自社の抱える現在の問題点についての情報を開示して，社員の自覚を促す。

（出所）　Kotter（1996＝2002：78）をもとに筆者作成。

2018）。それゆえ，企業は国内市場だけでなく海外市場も視野に入れ，新事業を展開する際に，マーケティング・プロセスの出発点として，マクロ環境分析（PEST）の動向調査を徹底的に行うべきである。その結果，企業は市場の動向や特性を正しく知り，理解し，学習すると同時に，数多くの市場機会を発見することが容易になる。次に，企業は市場から導き出された戦略的情報を実践的知識へと転換させ，それを組織全体に共有させることで，革新的な製品・サービスを具現化できる組織能力の構築・強化を促すことができる（徐・李 2015，2018）。その結果，企業は新製品・新市場を創出し，顧客をはじめとする主要なステークホルダーの心の中に，自社ブランドの認知度と存在感の向上だけでなく，高品質な製品ブランド・イメ

ージの確立も可能にする（徐 2018）。

自社ブランド推進プロジェクト・チームの構築・強化

　自社ブランド管理組織体制の１つであるプロジェクト・チームは，外部のブランディングの専門家を迎え入れ，組織内の次世代経営幹部や各部門のリーダー候補を部門横断的に結成することが望ましい。[2]とりわけ，中小企業の場合は，経営トップや経営幹部をはじめ，多くの社員はブランディングに対する重要性や認識がきわめて低いためである。また，専門知識やスキル，ノウハウなどがほとんど蓄積されていないからである。さらに，プロジェクト・チームは，特定の部門のみに限定されると，ほとんど効果は得られない。各部門においてさまざまな形での不協和音が生じると，確固たる自社独自のブランド・ビジョンを確立し，自社ブランド価値を高めるという企業変革を阻むことになるからである。すなわち，自社独自のブランド・ビジョンと価値観が各部門にほとんど浸透せず，経営者と社員間または部門間の言行不一致が発生することで，相互の理解と支援，信頼の関係が失われてしまうのである。

　企業がプロジェクト・チームをつくる際には，経営トップの強力なリーダーシップと積極的な支援・関与が必要不可欠である。これがない限り，十分な力や効果を発揮することは難しい。社員の危機意識の醸成をはじめ，明確な自社独自のブランド・ビジョンの策定と啓蒙活動，確固たる自社ブランド・ポジショニングの確保を実現しえないからである。

　くり返しになるが，経営トップや経営幹部は企業変革の緊急性を明確に認識すると同時に，プロジェクト・チームに十分な権限を与えなければならない。また，自社ブランド構築のための共通の目的・認識・言語を，チーム・メンバー間または全部門の社員に対し強く共感・共有させなければならない。これを実現させるためには，双方向のコミュニケーションの場[3]

を最大限に活用することにより，自社にとっての市場機会を見つけ出すと同時に，一丸となって企業変革に取り組もうとする貢献意欲を高めることができるのである。

　企業変革の一環として戦略的インターナル・ブランディングを行う際に，プロジェクト・チームを組織内につくるだけでは不十分である。まず，チーム・メンバーをまとめ上げるリーダーシップを発揮する社員が必要不可欠である。そして，その社員を中心に，自社ブランド構築や競争力の向上のための問題点と市場機会を見つけ出すための認識を他の社員に共有させると同時に，コミュニケーションを通じて相互の信頼関係を深めることが不可欠である。ここで注意すべき点は，プロジェクト・チームの中で，変化を生み出す困難さと重要性を軽視してはいけないことである。このような状態に陥ると，企業変革は必ず失敗する。

　また失敗の根本的な原因には，企業変革としての戦略的インターナル・ブランディングの経験とチームワークの不足も挙げられる。もし，プロジェクト・チーム内で戦略的インターナル・ブランディングに関する知識や経験を持ちリーダーシップを発揮できる適任者がいない場合は，外部のブランディングの専門家を迎え入れることも検討すべきである[4]。その結果，自社独自のブランド・ビジョンと価値観などを組織内に確実に浸透させる戦略的インターナル・ブランディングの基盤づくりが可能になる（徐・李 2019a）。

　プロジェクト・チームが，戦略的インターナル・ブランディングを通して，企業変革を成功させるためには，適正な情報が必要である。同時に，自社ブランドに関する主要な意思決定にチームが参画できるようにしなければならない。これを実現しない限り，企業変革を実行することは困難となる[5]。そのため，このプロジェクト・チームが，効果的に企業変革を推し進めるためには，次の3つの要件が必要不可欠である[6]。第1の要件は，強

力なポジション・パワーである。企業経営（特に，戦略的インターナル・ブランディング）における意思決定権者がプロジェクト・チームに参加することである。これにより，自社ブランドの構築に関する迅速な意思決定が行えるようになり，ブランド価値向上をより効果的に推進することができる。第2の要件は，広範な専門知識である。プロジェクト・チームのメンバー，とりわけチーム・リーダーは，さまざまな課題に対してうまく対応できる専門能力や職務経験を兼ね備えなければならない。それにより，自社ブランドの構築と価値向上のための適切な情報を十分に反映した，説得力のある意思決定が可能になる。第3の要件は，高い信頼感である。社内はもとより社外からも高い評価を受けている人材が多数このチームに参画する必要がある。それにより，今後このチームが進めていく提言を，各部門の社員が真剣に考慮するようになる。また，社外で開催される綿密に計画されたミーティングで，数多くの討議と共同作業を通じて，相互信頼を築くこともきわめて大事である。

自社独自のブランド・ビジョンの策定

　明確なビジョンのない企業は，全社員に対して目指す方向性を明確に示せない。それゆえ，プロジェクト・チームは，外部のステークホルダーに対して，自社が将来，全社レベルで進むべき方向性を明確に伝達しなければならないのである。同時に，中長期的な視点からブランド価値・存在意義である戦略的ブランド・ビジョンを社員にわかりやすく伝えなければならない。とりわけ，社員には，数多くの現場での事例を通して，5分以内に顧客をはじめとする外部のステークホルダーにわかりやすく説明し，理解・共感してもらえるようにしなければならない。社員は戦略的インターナル・ブランディングの実行主体であるため，ブランド・ビジョンを明確に理解しないまま，計画や方針を立て，さまざまなプログラムと戦略を実

行する際に，一貫性のある企業変革ができないおそれがあるからである。

　企業変革の一環として戦略的インターナル・ブランディングを推し進めるに当たって，戦略的ブランド・ビジョンが果たす重要な役割は3つある。[7]

①戦略的インターナル・ブランディングの目指す方向や方針を明確に示すことである。このことで必要な自社ブランド構築に関するさまざまな意思決定を容易にする。
②各部門で働く社員が，自社ブランドへの理解を深めると同時に，正しい方向を目指して一貫した行動ができるように促す。
③多くの社員が参画する場においても，きわめて迅速かつ効率的に，各部門の社員が自社独自のブランド・ビジョンに沿った行動をまとめ上げることである。

　このような役割から，戦略的インターナル・ブランディングの推進において，戦略的ブランド・ビジョンを明確に示すことがいかに重要であるかがわかる。

　通常，戦略的インターナル・ブランディングは，多くの社員の参加や協力が必要不可欠な企業変革のプロセスである。企業は，この取り組みを組織内で推進していく際に，共通の目的・理解・認識・言語を見つけ出すため，多くの社員とさまざまな意見・情報・感情の交換を行わなければならない。もし，共通の目的・理解・認識・言語が存在しないまま，戦略的インターナル・ブランディングを行うと，経営者と社員間または部門間で，常に対立が生じ，非効率な会議が繰り返されてしまう。このような問題を未然に防ぐためには，多くの社員から共感が得られたブランド・ビジョンを，あらゆる場とコミュニケーション・ツールを通して，全社員に共有させなければならない。同時に，自社独自のブランド・ビジョンから全社員[8]

表5-2　優れたブランド・ビジョンが持つ6つの特徴

①目に見えやすい点	将来，自社ブランドが目指すべき姿がどのようになるのかを明確かつわかりやすく示している。
②実現が待望できる点	ブランド・ビジョンの実現を通して，社員，顧客，株主，地域社会，その他のステークホルダーが期待する長期的利益に訴えている。
③実現可能性がある点	現実をしっかりと反映し，達成可能な目標から生み出されている。
④明確な方向性を示す点	自社ブランド構築に関する適切な意思決定を導き出すために，明確な方向性を示している。
⑤柔軟性がある点	激変する状況の中で，自社ブランド構築のために，社員個々人の自主的行動とさまざまな選択肢を許容する柔軟性を備えている。
⑥わかりやすく伝えることができる点	短時間（5分内）で，ブランド・ビジョンの本質を，顧客をはじめとする多様なステークホルダーにわかりやすく説明することが可能である。

（出所）　Kotter（1996＝2002：122）をもとに筆者作成。

が強い共感を得，それを創発的な学びの場のマネジメントを通して，外部のステークホルダーに主体的かつ創造的に体現することで，「ブランド創発型企業」の構築・強化を可能にする。このような優れたブランド・ビジョンには，表5-2のような6つの特徴が備わっている。

社内コミュニケーションの実行

　企業変革としての戦略的インターナル・ブランディングを通して，自社独自のブランド・ビジョンに示された考え方，目標と方向について全社員が共通の理解を深めたときに，企業は競合他社に対してブランド競争力を高めることができる。また，多くの社員から共感が得られたブランド・ビジョンを明確に示し共有することで，企業は戦略的インターナル・ブランディングを行う際に積極的な行動を喚起することが可能になる[9]。これらを加速化させるためには，組織内で普段行われるコミュニケーションが重要になる。ブランド・ビジョンを組織内で浸透させるための社内コミュニケーション・ツールを体系的かつ組織的に構築することで，戦略的インターナル・ブランディングを効果的に推し進めることができるのである[10]。

　組織内でブランド・ビジョンを確実に浸透させるための社内コミュニケーションにおいて、陥りやすい3つの落とし穴がある。第1のパターンは、プロジェクト・チームがつくったブランド・ビジョンが、短期間で組織内に浸透したという判断を急ぐことである。たとえば、数回にわたる説明会の開催や文書の配信を行うだけで、自社独自のブランド・ビジョンが社員に伝わっていると思い込むことである。その結果、新しいブランド・ビジョンを明確に理解している社員がほとんどいないままとなり、プロジェクト・チームのメンバーのモチベーションは相当下がってしまう。第2のパターンは、経営トップとして十分な時間を割いてブランド・ビジョンを説明したとしても、社員はほとんど理解できていないことである。第3のパターンは、社内コミュニケーション・ツールを通して全力を傾けて努力したとしても、経営幹部の誰かが新しいブランド・ビジョンに反する不適切な言葉や行動を取ってしまうことである。その結果、企業変革に対する社員たちのモチベーションは次第に低下する。

　先述したように、企業変革の一環として戦略的インターナル・ブランディングを成功させるためには、自社独自のブランド・ビジョンを組織全体に確実に浸透させることが最も重要である。それを実現させるには、何らかの形で意思決定権を持つ経営幹部たちが、ありとあらゆる社内コミュニケーション・ツールを最大限に活用していかなければならない。そのため、まず、これまで非効率的に行われていた既存の社内コミュニケーションの1つである社内報のあり方などを根本的に改革することに注力しなければならない。その内容に、経営トップや経営幹部が外部のステークホルダーに対し、ブランド・ビジョンを自主的かつ創造的に体現した生の声を盛り込んだ記事を定期的にリニューアルすることが挙げられる。たとえば、彼らがリーダーシップを発揮して、自社ブランドの資産的価値の向上と確固たるブランド・ポジショニングの確保に貢献しているという内容がきわめ

表5-3　ブランド・ビジョンの浸透のための要件

①簡潔でわかりやすい表現	専門用語や技術的専門言語の使用は極力避ける。
②比喩，たとえ，実例	目に見える姿を示すことは1000の言葉に勝る。
③多様なコミュニケーション・ツールの活用	各種の社内コミュニケーション・ツールを通して，ブランド・ビジョンを伝達する。
④くり返し伝えること	あらゆるコミュニケーション・ツールや場を通して，頻繁にブランド・ビジョンの内容に触れさせる。
⑤リーダー自らが規範を示すこと	経営トップまたは経営幹部がブランド・ビジョンの体現の模範となる言葉や行動を示す。
⑥言行不一致への対応	ブランド・ビジョンに対する経営トップまたは経営幹部の言行不一致への問題を解決する。
⑦双方向のコミュニケーション	ブランド・ビジョンの伝達や体現において生じうる問題を解決するために相互に意見・情報の交換を積極的に行う。

（出所）　Kotter（1996＝2002：150）をもとに筆者作成。

て望ましい。

　また，形式的かつ非効率的な役員会議を，さまざまな意見・情報の交換を積極的に行えるような議論の場に変えることが望ましい。その一環として，まず，従来の経営幹部を中心とした各種の研修会を最小限に抑えることから始める。同時に，各部門のミドル・マネージャーや現場の社員たちが抱える業務上の課題を解決し，新しいブランド・ビジョンの確立と浸透を主軸にした研修を増やさなければならない。何より重要なのは，自社独自のブランド・ビジョンを，組織内で確実に浸透させるためのコミュニケーション・ツールによって，経営幹部自らが，率先して一貫した言葉と行動で示すことである。自社独自のブランド・ビジョンを実現させるための経営幹部の一貫した行動が最も説得力を持つ強力な社内コミュニケーション・ツールとなる。

　さらに，自社独自のブランド・ビジョンを組織内において効果的に浸透させるためには，次の7つの要件を満たさなければならない（表5-3参照）。これらの要件を満たすことで，一貫したブランド・ビジョンのメッセージ

を効果的に伝えると同時に，リーダーとしての信頼感を高めることができる。その結果，企業変革としての戦略的インターナル・ブランディングを組織的に推し進めることが容易になる。

十分な権限委譲とブランド・ビジョンの体現

戦略的インターナル・ブランディングを通して，企業は，自社独自のブランド・ビジョンに対する社員の3つのマインドの変化（①「学ぶ」段階→②「信じる」段階→③「体現する」段階）を喚起しなければならない（徐・李2016）。とりわけ，企業は，自社独自のブランド・ビジョンから全社員が強い刺激や共感を得て，それらを創発的な学びの場のマネジメントを通して，主体的に体現できるようになるために働きかけなければならない。企業はこのような組織構造や企業文化を中長期的な視点から構築・強化することで，「ブランド創発型企業」を実現することができる。

これを可能にする最も大きな原動力は，社員に十分な権限移譲を行うことである。これにより，社員の自発性と創造性を促すことができる。社員に十分な権限を与えないと，ブランド・ビジョンを組織内において浸透させる際に多くの障害が生じる。なぜなら，自社のインターナル・ブランディングの目標達成に対する意欲と課題への当事者意識の低下を招くおそれがあるからである。

企業は社員への十分な権限移譲を行うに当たって，4つの阻害要因を事前に把握し，取り除かなければならない。[13]

まず，第1の要因として，組織の構造的な問題が挙げられる。経営資源の配分と権限移譲が制限・断絶されている組織構造では，顧客のニーズを的確に捉えた新製品を顧客に素早く提供することがきわめて困難なものとなる。たとえば，新製品をつくるときに，各部門がそれぞれの目的や利益を優先する組織文化が根づいている組織では，そのチーム活動を妨げるこ

とになる。これにより，企業変革を戦略的かつ組織的に推し進めることはほとんど不可能になるからである。

　第2の要因として，社員の能力不足による行動の制約が挙げられる。くり返しになるが，中小企業の場合，企業変革の一環として戦略的インターナル・ブランディングを推進する際に，社員の専門知識はもちろん，スキルやノウハウなど能力が不足している。このような問題を解決するためには，実際に戦略的インターナル・ブランディングを実行する際に生じる諸問題への対処方法（行動方針，スキル，態度など）に関する社内研修やトレーニング，講座の適切な形式と量を考慮することがきわめて重要である。短期間でも，社内研修やトレーニング，講座を通して，社会的課題や顧客価値を最優先に考え行動することが，組織内外において自社ブランドの競争力の向上に対して，重要な影響を与えるかを認識させる必要がある。

　第3の要因として，人事や情報システムの不整合による社員の行動の制約が挙げられる。言い換えれば，戦略的インターナル・ブランディングを実行に移す仕組みづくりを重視しないマネジメント・システムであるといえる。とりわけ，他の部門に比べて官僚主義的な色彩が強い人事部門は，プロジェクト・チームのリーダーシップの発揮を阻み，ブランド・アンバサダーを育成するうえで大きな障害となりうる。それゆえ，企業は，ブランド中心の企業文化を根付かせるために，自社独自のブランド・ビジョンに沿って社員を客観的に評価する人事システムを制度化する必要がある。その結果，戦略的インターナル・ブランディングを実行する習慣が強固な独自の企業文化として確立されていく。

　第4の要因として，企業変革に抵抗する経営幹部による社員の行動の阻害が挙げられる。自社独自のブランド・ビジョンを主体的に体現するためには，社員の自発性と創造性を最大限に発揮できるよう十分な権限を与えることがきわめて重要である。しかし，強力な意思決定権を持つ経営幹部

表5‐4　戦略的インターナル・ブランディングの実行における仕組み

①SIB の立案・策定における全社員参加型の仕組みの構築	SIB の立案・策定の時点から，現場を巻き込み，合意を形成しておくことが必要
②SIB と業務計画の間の整合性をはかるための仕組みの構築	SIB を実行するためには，両者の間に一貫性と継続性を確保していくことが必要
③SIB 実行を支える権限移譲	現場への自社独自のブランド・ビジョンを体現する際に必要な権限の範囲を明確にし，行使していくための支援の仕方をつくることが必要
④SIB 実行の成果連動型の報酬制度の構築	自社独自のブランド・ビジョンを体現する能力がある人材を高く評価し，長期的な視点から育成することが必要
⑤SIB 実行の中心軸となる社員の能力やスキルアップ	SIB を実行する際に生じる諸問題への対処方法に関する社内研修やトレーニングといった社員のスキルアップの場をつくることが必要

（注）　SIB（Strategic Internal Branding）。
（出所）　筆者作成。

が，戦略的インターナル・ブランディングの重要性に対して，ネガティブな認識（抵抗感）を持ってしまうと，その企業変革の推進はほとんど不可能となる。このような事態を未然に防ぐために，プロジェクト・チームは，最初の段階から，戦略的インターナル・ブランディングの必要性について，経営幹部に十分認識させるべきである。また，プロジェクト・チームは，社員との対話を通して，企業変革を阻む障害を取り除かなければならないのである。

　企業は，上記の4つの阻害要因を取り除き，自社独自のブランド・ビジョンを組織全体に徹底的に浸透させるために，戦略的インターナル・ブランディングを実行するに当たって，表5‐4のような仕組みをつくらなければならない。

短期的な成果の必要性

　自社独自のブランド・ビジョンを組織内に確実に浸透させるまでは，相当な時間と労力を要する。それゆえ，経営トップまたは経営幹部の強いリ

ーダーシップと積極的な支援・関与は，組織内におけるブランド・ビジョンの推進を後押しする強力な原動力となる。一方，そのような強力な後押しなくしては，取り組みを中長期的な視点から推し進めるのは，ほとんど実現不可能なものとなる。しかし，短期間でその企業変革の生み出す成果が得られない場合，新しいブランド・ビジョンの推進に対してネガティブな認識を持っている抵抗勢力が変革を妨げることになりかねない。そのため，プロジェクト・チームは短期間で一定の成果を示すことが求められる。

　プロジェクト・チームは，短期的に２つの成果を上げることで，抵抗勢力の意識を変えることが容易になる。[14]

①チーム・メンバーが生み出した自社独自のブランド・ビジョンの妥当性をより確実なものとするための定量的な裏付け
②自社独自のブランド・ビジョンの体現を促せるような，チーム・メンバーが目指すべき目標を示すこと

また，短期的な成果は，以下の３つの条件を満たす必要がある。[15]

①ブランド・ビジョンの体現による短期的な成果を，経営トップと経営幹部をはじめ，中間管理者，現場担当者，それぞれのニーズに合わせて「見える化」する
②短期的な成果に対し議論の余地がないほどの具体性がある
③短期的な成果を出すための戦略的インターナル・ブランディングと企業変革との関係性が明確である

　さらに，表5-5で示されているように，短期的な成果にはきわめて重要な６つの意義がある。このような短期的な成果は，戦略的インターナ

表5-5　短期的な成果がもたらす6つの意義

①自己犠牲が価値を生むことの証拠を示す	短期的な成果を生むことによってその際に生じる短期的コスト，犠牲を補ってくれる。
②変革に取り組む推進者の功績をたたえて，報いを与える	長期間に及ぶハードワークのあとには，それを褒めたたえるフィードバックを送ることによってさらにモラールとモチベーションを高める。
③ブランド・ビジョンと戦略を調整する機会を生む	短期的な成果を上げることによって，変革を導くプロジェクト・チームを自分たちの考え方の妥当性をチェックするためのデータが入手できる。
④抵抗勢力や自己本位の変革反対者の勢いを抑える	業績上ではっきりした向上を示すことによって，必要とされている変革を妨害することを阻止する。
⑤経営幹部を味方につける	組織の上層部に，変革が順調に進んでいる証拠を示す。
⑥変革の勢いを維持する	傍観者を支援者に，消極的支援者を積極的支援者に転換する。

（出所）　Kotter（1996＝2002：204）をもとに筆者作成。

ル・ブランディングを推進していくうえで，経営トップや経営幹部をはじめ全社員に，企業変革全体に対する信頼感を高めると同時に，協力者を増やすこともできるのである。

ブランド・ビジョンの体現化による変革の推進

　短期的な成果は，表5-5にあるように自社独自のブランド・ビジョンの確立を推進する勢いを維持するために必要不可欠な要素である。しかし，企業変革の達成には阻害要因があり，①重要な変革推進者の人事異動，②リーダーたちに蓄積される疲労，③不運な展開（コントロール不可能な外部環境の変化）などが挙げられる。これらの要因の中で注目したいのは，①重要な変革推進者の人事異動，すなわち，プロジェクト・チームの中で，きわめて重要なチェンジエージェントの役割を果たすリーダーの人事異動である。彼らは，強いリーダーシップを持っており，プロジェクト・チームのメンバーが戦略的インターナル・ブランディングを推進する際に起こりうるさまざまな変化に対応できる。同時に，戦略的インターナル・ブラン

ディングの推進にあたって，その変革を支持する社員とその変化に抵抗する社員との間を仲介し，相互の信頼関係を構築しようと努めている。それゆえ，リーダーの人事異動は，戦略的インターナル・ブランディングの推進を阻止する大きな要因となりうる。このような事態を防ぐためには，経営トップが強力なリーダーシップを発揮して，在任期間を長期化（5年以上）することも戦略的な取り組みの1つとして考えられる。このことは，組織内におけるチェンジエージェントの育成にもつながる。

　プロジェクト・チームは，戦略的インターナル・ブランディングを成功させるために，短期的な成果によって多くの社員から得られる信頼感を最大限に活用しなければならない。また，このような企業変革では，経営幹部が全体的な方向性を示しつつ，マネジメントの責任とプロジェクト・チームのリーダーシップの責任をほとんどメンバーに任せなければならない。先述の通り，メンバーたちへ十分な権限移譲を行うことで，戦略的インターナル・ブランディングを効果的かつ迅速に推進することが可能になる。このような経営幹部によるリーダーシップの発揮により，取り組みに対する目的意識が明確になり，多くの社員の危機意識を保つことができるようになる。これにより，リーダーは，組織内における相互の信頼関係をより一層高めることで，企業変革の推進を可能にする。

新しい実践の企業文化への定着

　企業は，自社独自のブランド・ビジョンを組織の隅々まで浸透させない限り，変革を企業文化として定着させることは不可能である。これが定着しないまま実行すると，企業変革によって取り入れられた戦略的インターナル・ブランディングの新しい実践は，企業文化と合致せず，前の状態に戻ることになりかねない。各部門の文化と激しく衝突し，その重要性が次第に薄れていくのである。

　自社独自のブランド・ビジョンを体現するための行動規範と共有された価値観は，企業変革の最後の段階で実現するといえる。このような企業変革を企業文化として制度的に根付かせるには，次の要素が特に重要である[16]。それは，新しいアプローチや行動様式，考え方などが業績改善にどれぐらい貢献したのか，社員へ意図的にアピールしていくことである。戦略的インターナル・ブランディングと業績改善の因果関係を正しく理解させるには，やはり社内コミュニケーションが不可欠である。たとえば，重要な経営会議などで毎回時間を割いて，ブランド・ビジョンがどれくらい浸透しているのか，ブランド・ビジョンの体現と業績の向上の相関関係はあるのかについて話し合うことである。また，社内報においては，戦略的インターナル・ブランディングの推進によってどのように売上や自社ブランド価値が向上したのか，くり返し報じることなのである。

　そして，先ほど述べたように，プロジェクト・チームは，自社独自のブランド・ビジョンを企業文化として定着させるために，目に見えるような成果を明確に示す必要がある。プロジェクト・チームは，ブランド・ビジョンの体現を通して形成された新しい仕事の進め方が効果的であることを，従来の方法よりも優れている事実を客観的なデータに基づき，多くの社員に周知させなければならない。それにより，企業変革によって取り入れられた戦略的インターナル・ブランディングの新しい実践が，はじめて企業文化として定着するようになる。

　また，その新しい方法については，コミュニケーションの場を通してくり返し議論しなければならない。とりわけ，重要な外部のステークホルダーに対し，ブランド・ビジョンを明確に体現することで，高業績を上げている優れたリーダーとのコミュニケーションの場を設けることがきわめて重要である。なぜなら，その場を通して，自社独自のブランド・ビジョンへの認識やその体現の新しい実践方法，スキル，ノウハウなどが不足して

いる社員に再び伝えることができるからである。同時に，多くの社員は，その新しい実践方法が優れたものであるということを改めて認識できる。

3　変革型リーダーシップを目指して

　以上，本章では，「ブランド創発型企業」を構築・強化するために，Kotter（1995, 1996）が提唱した企業変革における8段階プロセスの視点から，企業が実行可能な戦略的インターナル・ブランディングの普遍的なプロセスを提示した。本章の考察の最も大きな成果は，企業が企業変革の一環として戦略的インターナル・ブランディングを体系的かつ組織的に推進していく際に生じる阻害要因と促進要因の解明である。

　第1段階での阻害要因は，現状維持で満足し企業変革を嫌う経営幹部や社員といった抵抗勢力の存在である。これを解決するためには，経営トップや経営幹部をはじめ，全社員に自社を取り巻く現状の客観的な分析と成長機会を「見える化」することで，危機意識を醸成することが重要である。同時に，戦略的インターナル・ブランディングの重要性や必要性に対する肯定的な態度や意識改革の醸成も促進要因として考えられる。

　第2段階での阻害要因は，多くの社員の戦略的インターナル・ブランディングに関する重要性や認識がきわめて低い点と，それらに関する専門知識やスキル，ノウハウがほとんど蓄積されていない点である。また，全社員に強く共感してもらえるような明確な自社独自のブランド・ビジョンを，組織全体に確実に浸透させる組織能力を持つチームがないことも考えられる。これを解決するためには，経営トップの積極的な支援を得，外部のブランディングの専門家を迎え入れ，企業内部の次世代の経営幹部や各部門のリーダー候補を部門横断的に結成するプロジェクト・チームの存在が重要である。それと同時に，プロジェクト・チームが戦略的かつ適正な情報

をもとに，自社ブランドに関する主要な意思決定へ参画できるよう，権限移譲することも促進要因として考えられる。

第 3 段階での阻害要因は，複雑で曖昧なブランド・ビジョンのまま，戦略的インターナル・ブランディングを行うと，経営者と社員間または部門間で，常に対立が生じ，非効率な会議などが繰り返されてしまう点である。これを解決するためには，多くの社員から納得・賛成・共感してもらえるような明確かつわかりやすいブランド・ビジョンを確立することが重要である。また，組織内における共通の目的・理解・認識・言語をつくり出すことで，多くの社員からさまざまな意見・情報・感情の交換を促すことも促進要因として考えられる。

第 4 段階での阻害要因は，ブランド・ビジョンを浸透させるための社内コミュニケーション不足をはじめ，短期的な視点による組織内におけるブランド・ビジョンの浸透の判断，数人の経営幹部によるブランド・ビジョンに相反する不適切な言動である。これを解決するためには，社内コミュニケーション・ツールを最大限に活用することが重要である。たとえば，①経営トップや経営幹部によるブランド・ビジョンの体現の内容を中心とした社内報，②現場のミドル・マネージャーやその他の社員を中心とした戦略的インターナル・ブランディングに関する社内研修会などが促進要因として考えられる。

第 5 段階での阻害要因は，縦割りの組織構造による経営資源の配分と権限移譲，社員の能力不足による行動，人事や情報システムの不整合による社員の行動，企業変革に抵抗する経営幹部による社員の行動といった制約である。これを解決するためには，戦略的インターナル・ブランディングの実行を支える権限移譲による社員の自発性と創造性を促すことが重要である。それと同時に，立案・策定における全社員参加型の仕組みの構築，業務計画の間の整合性をはかるための仕組みの構築，実行の成果連動型の

報酬制度の構築が促進要因として考えられる。

　第 6 段階での阻害要因は，経営トップの強いリーダーシップと積極的な支援・関与が途切れる点と，新しいブランド・ビジョンの推進に対するネガティブな認識を持っている抵抗勢力の存在である。これを解決するためには，ブランド・ビジョンの体現を通して，経営トップと経営幹部をはじめ，中間管理者，現場担当者に納得してもらえるような具体性のある短期的な成果の「見える化」が重要である。また，戦略的インターナル・ブランディングの全体的な変革の方向に明確に関連づけられるような短期的な成果の提示も促進要因として考えられる。

　第 7 段階での阻害要因は，重要な変革推進者の人事異動，すなわち，プロジェクト・チームの中で，きわめて重要なチェンジエージェントの役割を果たすリーダーたちの短期間の人事異動である。これを解決するためには，経営トップの強力なリーダーシップの発揮によるチェンジエージェントの役割を果たすリーダーたちの存在が重要である。また，そのリーダーの在任期間の長期化（5 年以上）も促進要因として考えられる。

　第 8 段階での阻害要因は，企業変革を通して採用された新しい実践と企業文化との衝突により，戦略的インターナル・ブランディングの重要性や必要性が薄れてしまい，企業文化として定着されない点である。これを解決するためには，ブランド・ビジョンの体現が業績改善にどれぐらい貢献したのかを，客観的なデータに基づき，多くの社員に明示することが重要である。それと同時に，それらを確認させるあらゆるコミュニケーションの場を設けて，繰り返し議論し伝えることも促進要因として考えられる。

　本章の考察のもう 1 つの成果は，企業変革の一環として戦略的インターナル・ブランディングを実行する際に，経営トップまたはプロジェクト・チームのリーダーが兼ね備えるべき変革型リーダーシップのあり方である。彼らは，変革型リーダーシップを発揮することで，企業全体の新しい知識

として，確固たる自社独自のブランド・ビジョンを，組織内において明確かつわかりやすく伝え，確実に浸透させなければならない。これを実現させるために，リーダーは，全社員が自社独自のブランド・ビジョンに強く共感するとともに，自社に対する貢献意欲を高められるように働きかけるべきである。また，リーダーは，自社独自のブランド・ビジョンに基づいた各部門の目標を達成するため，新しい発想や視点から考えることを社員に奨励しなければならない。同時に，その意味や問題解決策を自ら考え行動するように，常に知的好奇心を刺激しなければならない[17]。それにより，社員たちは，顧客をはじめとする外部のステークホルダーに対して，自社独自のブランド・ビジョンを主体的かつ創造的に体現できるようになる[18]。さらに，リーダーは，各部門の社員に対してコーチングや啓蒙活動，企業内研修などを通して，社員一人ひとりに寄り添いつつ，自社独自のブランド・ビジョンを体現するための成長を重んじなければならないのである。

注

(1)　ニーチェ，白取編訳（2010：43）。

(2)　自社ブランド管理組織の体制には，①専門組織担当制，②既存部門担当制，③委員会担当制，④役員担当制，⑤部課長担当制，⑥外部組織担当制が挙げられる。詳細な内容については，田中（2017：214-215）を参照されたい。本章で取り上げるプロジェクト・チームは，③と⑥を組み合わせた組織形態である。

(3)　ここでいう双方向のコミュニケーションの場とは，自社ブランドの構築と緊急性の高い経営課題を解決するために，経営トップや経営幹部と社員が相互の意見交換と情報交換を活発化させる場を指す。経営トップや経営幹部は，この場を通して社員にブランド・ビジョンを実現できるリーダーシップを明確に示す。社員は，この場で経営トップや経営幹部に対して現場における客観的なデータや情報を共有する。

(4)　リーダーシップ不在という問題に対する望ましい対処方法としては，次の3つの選択肢がある。①企業の外部から人材を登用する。②企業の内部から卓越したリーダーシップを有する人材を登用する。③まだ十分なリーダーシップを発揮していない経営幹部に，リーダーとしての役割を引き受けるように奨励する（Kotter 1996

＝2002：100）。

(5)　戦略的インターナル・ブランディングの立案や実行を支援する際に必要な情報と課題に対する解決策について，経営トップや経営幹部と社員の相互共有ができないからである。

(6)　同上訳書，99頁を戦略的インターナル・ブランディングの視点から論じる。

(7)　同上訳書，117-118頁を戦略的インターナル・ブランディングの視点から論じる。

(8)　ここでいうあらゆる場とは，普段から目的性を伴う会議を行えるような意識改革と組織文化を醸成できるように，経営トップや経営幹部をはじめ，ミドル社員と現場の社員が自由に意見・情報を交換・共有できるさまざまな会議・セミナー・研修などを指す。

(9)　具体的には，ブランド・ビジョンを体現するための各部署の社員の行動である。たとえば，ブランド・ビジョンに即した広告活動やマーケティングキャンペーン，接客営業活動，またはブランド・ビジョンを反映した製品開発活動などが挙げられる。

(10)　ここでいう社内コミュニケーション・ツールは，オンラインとオフラインに分類できる。社内におけるオンライン・コミュニケーション・ツールには，第6章の冒頭で述べているWeb会議システムやチャットツールをはじめ，情報共有に特化した社内報アプリ，社内ポータル・社内SNS掲示板，バーチャルオフィスなどが挙げられる。社内におけるオフライン・コミュニケーション・ツールには，オフィス内での会議や朝礼，企業研修，ワークショップ，表彰式・アワードなどが挙げられる。

(11)　Kotter（1995＝2000：80-81）を戦略的インターナル・ブランディングの視点から論じる。

(12)　ここでいう社内コミュニケーション・ツールとは，従来のオフラインの場で意見と情報を交換・共有している会議・社内報とオンラインの場で行っている「Zoom」「Google Meet」「Chatwork」「Chat & Messenger」などが挙げられる。

(13)　Kotter（1996＝2002：173-194）を戦略的インターナル・ブランディングの視点から論じる。

(14)　同上訳書，201頁を戦略的インターナル・ブランディングの視点から論じる。

(15)　同上訳書，202頁を戦略的インターナル・ブランディングの視点から論じる。

(16)　Kotter（1995＝2000：85）を戦略的インターナル・ブランディングの視点から論じる。

(17)　経営トップやリーダーは次の3つの方法を通して，社員の知的好奇心を刺激する

ことができる。①社員がブランド・ビジョンを体現するための課題に関心を持ってもらえる機会や場を提供すること。たとえば，部署間の連携を前提とする各種社内研修や外部研修を通して，日常業務では考えられない気づきや発想を促すことができる。②社員またはチームから，ブランド・ビジョンを体現する際に直面した問題や課題に対して，彼らと向き合いながら一緒に考えること。その際に，解決策を経営トップが一方的に提示するのではなく，逆に社員自ら考えてもらう機会をつくることが望ましい。③社員が熱中することを励ますこと。社員自らが課題への解決策として提案・提示したものがあれば，経営トップは自社を取り巻く事情や予算のことを持ちかけて，それを阻止せず，社員の意見に寄り添いつつ，それを何らかの形で活かせるように後押しすることがきわめて重要である。経営トップやリーダーからの支援と励ましがあれば，社員の心理的な安定性がよりいっそう高まり，意見を出しやすくなると同時に，創造性を発揮できるようになるのである。

⒅　創造的に体現できることには，以下の意味が含まれている。前述した通り，知的好奇心が刺激され，心理的安全性が高まることにより，社員は失敗を恐れず，固定概念にとらわれず，部署をまたいだプロジェクト・チームをつくりやすくなる。これにより，社員は，自社のブランド・ビジョンに即した形で創造的に考え，従来にはなかった斬新なアイデアや発想をよりいっそう生み出すことができるという意味である。

第**6**章
ICT の活用とソーシャル・キャピタル

1　ICT の活用

　情報通信技術 (Information and Communication Technology：以下，ICT と表記)[1] の発展と通信ネットワークの拡大は，企業経営の変革を促す 1 つの要因である。これらは，企業経営のあり方を変革する取り組みとしてだけではなく，社員の働き方にも大きな影響を与えている。その典型的な例として，2020年初頭から，新型コロナウイルス感染症 (COVID-19) の影響を受け，日本の多くの企業が取り組み始めているテレワーク[2]が挙げられる。働く場所と時間の制限を受けず，柔軟かつ迅速に行える組織内の効果的なコミュニケーションの重要性が急激に高まってきている。テレワークに対する日本企業の関心度は，テレワークと関連した求人割合の増加率推移からも窺える[3]。日本政府もこのような企業の取り組みを積極的に奨励しつつ支援している[4]。

　急激な経営環境の変化により，多くの日本企業は，ICT を効果的に活用した，さまざまなコミュニケーション・ツールを積極的に導入することで，業務効率化の実現に向けて取り組み始めている。その典型例として，「Zoom」「Google Meet」「Whereby」などのクラウド型 Web 会議システムをはじめ，「Google ハングアウト」「Chatwork」「Chat & Messenger」

などといったテキストチャット機能を持つ Web 会議ソフトが挙げられる。つまり，企業の組織的コミュニケーションのあり方は，これまでの対面コミュニケーションを中心とした現実空間の場から，オンライン・コミュニケーションを中心とした場へ，柔軟かつ迅速に対応していくことが求められるようになってきたといえる。これを機に，多くの日本企業は，「デジタル・トランスフォーメーション（Digital Transformation：以下，DX と表記）[5]」を通して，デジタル技術を戦略的に活用した業務改革と企業文化，組織的コミュニケーションの変革などを全社的に取り組んでいかない限り，持続的な企業成長は望めない。そのため，ウィズコロナ時代において，多くの日本企業は，さまざまな状況に応じて，戦略的かつ組織的に対面コミュニケーションとオンライン・コミュニケーションを行う場づくりが必要不可欠である。

　その一方，テレワークが長引くにつれて，社員同士または部門間，組織と社員間で生じうる次のようなリスクを懸念する経営者は少なくない。その懸念材料としては，①組織に対する帰属意識，②組織全体の求心力，③ブランド理念に対する理解・認識，④社員個々人の自発性と創造性の 4 つの欠如が挙げられる[6]。それゆえ，経営トップは，上記のリスクを未然に防ぎ解決するために，ICT を活用した戦略的インターナル・ブランディングを体系的かつ組織的に取り組めるように，強力なリーダーシップを発揮しなければならない。経営トップは，オフラインの場とオンラインの場をバランスよく活用し，「自社独自のブランド理念とブランド・ビジョンを中長期的な視点から，部門横断的な連携やコミュニケーションを通して，外部のステークホルダーに対して自発的に体現できるよう全社員に理解・共感・共有してもらうために全社的に取り組む諸活動[7]」を積極的に後押ししなければならないのである。

　このような戦略的インターナル・ブランディングを組織内で推し進める

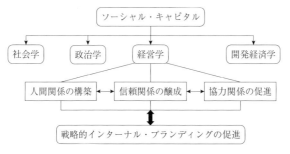

図 6-1　本章の目的

（注）　↔は相互補完関係を示す。
（出所）　筆者作成。

際に，企業には，組織の共通目的を成し遂げるための団結力と多くの社員の志を高めるための結束力が欠かせない。このために最も大きな原動力の1つとなるのが，「ソーシャル・キャピタル」[8]である。言い換えれば，①健全な人間関係，②良質な信頼関係，③長期的協力関係の構築・醸成・促進が必要不可欠なのである。したがって，本章では，ICT を活用した戦略的インターナル・ブランディングの実行を促進する要因を，経営学から見た「ソーシャル・キャピタル」の視点から考察する[9]（図 6-1 参照）。

2　「戦略的」という意味とその取り組み

「ソーシャル・キャピタル」に関する考察を行う前に，まず昨今の経営環境の変化に対して経営者が熟知しておくべきである「戦略的」[10]という意味について概観する。経営者は，次の8項目を十分に理解し，ICT を活用した戦略的インターナル・ブランディングに取り組まなければならない。

①コロナ禍におけるテレワークを一時的なものと捉えるのではなく，中長期的な視点から，次なる未知のウイルスやさまざまな自然災害の発生時

に備えておく必要がある。それと同時に，社員の立場に立ち，全社員参加型経営を目指さなければならない。

②今日のような不確実性がきわめて高い市場変化に柔軟かつ迅速に対応しつつ，競合他社に先駆けて組織内でDXを推し進めることで，自らを変化させていく。それと同時に，潜在的ニーズをより的確に捉えることで，競合他社に対して優位に立たなければならない。

③自社の経営活動の中核となる理念・ビジョン・価値観を体現すると同時に，DXの推進と合わせた業務改革のあり方と組織全体の明確な方向性を示すための共通の目標，使命，世界観を明文化しなければならない。

④DXの推進の一環として全員参加型経営で取り組むテレワークなどICTを活用したインターナル・ブランディングを通して，全社員に成長志向のマインドセットを持たせなければならない。

⑤さまざまなオンラインの場において，組織的な取り組みにおける優先順位と重点分野を強調した資源配分を効果的かつ効率的に行わなければならない。

⑥テレワークやICTを活用したインターナル・ブランディングを行うに当たって，競合他社にとって模倣が困難である取り組みや実践に関する膨大なノウハウなど，付加価値の高い情報的資源を組織的に共有し蓄積していくことを強く意識させなければならない。

⑦自社の資本を投じ，推奨事項と禁止事項を明確に定めて取り組むことで，成果を生み出していかなければならない。

⑧自社の市場価値に対する最終的意思決定権を持つ外部のステークホルダーに対して，あらゆる責任の所在を明確にしなければならない。

3　経営学の視点から捉えた「ソーシャル・キャピタル」

　「ソーシャル・キャピタル」は，社会学をはじめ，開発経済学，政治学といった，学際的な視点から論じられている。そのため，「ソーシャル・キャピタル」にはさまざまな定義が存在する（表6-1参照）。これらの定義を，経営学の視点から概観すると，以下のような鍵概念として分類できる——①信頼性，②社会的ネットワーク，③資源，④能力，⑤資産，⑥相互関係性（相互共有性）。また，これらは，組織力が高い企業に多く見受け

表6-1　ソーシャル・キャピタルの定義

研究者名と年度	定　義
Adler & Kwon（2002）	個人と集団が利用可能な信頼性
Baker（2000）	個人的なネットワークやビジネスネットワークから得られる資源
Giddens（2001）	個人が社会的支援を得るために頼ることのできる信頼のネットワーク
Leana & Van Buren（1999）	組織内における社会的関係あるいはネットワークのありよう
OECD（2001）	規範や価値観を共有し，お互いを理解しているような人々で構成されたネットワークで，集団内部または，集団間の協力関係の増進に寄与するもの
Portes（1998）	社会的ネットワークや他の社会構造において，構成員の美徳によって利益を守る行為者の能力
Putnam et al.（1993）	人々の協調行動を活発にすることによって，社会の効率性を高めることのできる，「信頼」「規範」「ネットワーク」といった社会的仕組みの特徴
Stam & Elfring（2008）	ネットワークの関係性から生み出される資源
Woolcock（1998）	人の社会ネットワークにおいて備わっている相互関係の情報，信頼，規範
金光（2003）	社会的ネットワーク構築の努力を通じて獲得され，個人や集団にリターン，ベネフィットをもたらすような創発的な関係資産
中島（2003）	人と人の間に存在する規範，信頼，ネットワーク

　（出所）　西村・金（2010：54）をもとに筆者作成。

られる共通要素でもある。組織力の高い企業は，社員個々人と集団との戦略的な協働を通して得られた知識と経験を経営資源として捉え，それらをうまく組み合わせる能力が高いといえる。企業はその能力を最大限に活用し，外部のステークホルダーのさまざまなニーズに的確に応えることで，内部の経営資源を自社の最重要な資産の1つとして価値を創造することができるのである。

　それゆえ，企業は，社員個々人が持つ「パーソナル・キャピタル」を「ソーシャル・キャピタル」へ結びつけることがきわめて重要（Baker 2000）となる。つまり，企業は，社員個々人と集団が持つ資源と能力を共有させると同時に，その間に形成される人間関係・信頼関係・協力関係を結びつけることで，組織を効果的に動かすことができる。企業は，短期間で競合他社にとって模倣困難な人的ネットワークの形成と部門横断的な連携や円滑なコミュニケーションを促す「見えざる資産」の構築を可能にする。それゆえ，本書では，「ソーシャル・キャピタル」を「社員同士または部門間，組織と社員間において健全な人間関係を構築し，良質な信頼関係を確立し，長期的協力関係を促進することで，組織を束ね効果的に動かすことができる関係価値[11]」であると定義づける。端的にいうと，「ソーシャル・キャピタル」とは，社会的組織が持つべき望ましい関係価値である。企業は「ソーシャル・キャピタル」の主要な構成要素である人間関係と信頼関係，協力関係を強化することにより，経済的価値のみならず，組織的価値と社会的価値をも向上させることができる。

4　「ソーシャル・キャピタル」の役割

　すでに述べたように，経営トップは，「ソーシャル・キャピタル」の構築・強化の重要性を明確に理解し，それが組織内においてバランスよく形

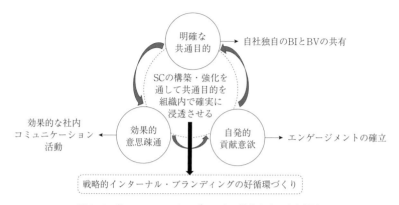

図6‑2　「ソーシャル・キャピタル」の構築が生み出す効果
（注）　BI（Brand Ideal），BV（Brand Vision），SC（Social Capital），→は SC の構築・強化。
（出所）　筆者作成。

成されるように，リーダーシップを発揮しなければならない。それにより，組織内では，目指すべき共通目的を実現させるために，社員と組織が相互に意思を伝達し合うことで，全社員が一丸となって同じ目標に向かって力を結集させたいという貢献意欲が発生する。すなわち，企業は，「共通目的」に多くの社員が強く共感するように，効果的な「コミュニケーション」を活性化させ，「貢献意欲」を高めることで，組織体制の構築・強化を可能にするのである（Barnard 1938）。

　また，企業はこれを実現させるために，社員個々人が持つ「パーソナル・キャピタル」と集団が持つ「ソーシャル・キャピタル」を構築→共有→蓄積→活用させなければならない。それゆえ，企業は，社員同士または部門間，組織と社員間の人間関係と信頼関係，協力関係を有機的に結びつけ組織を有効に機能させるために，効果的な取り組みや施策を行う必要がある。

　その結果，自社の「共通目的」の達成に向けて貢献しようとする意欲や態度を養うことができるのである。したがって，企業は，「ソーシャル・

キャピタル」の構築・強化を通して，①組織全体への共通目的の確実な浸透，②効果的な社内コミュニケーション活動，③組織の目標達成に向けた自発的な貢献意欲を実現させることで，戦略的インターナル・ブランディングの好循環づくりを促すことができる（図 6 - 2 参照）。

5　「ソーシャル・キャピタル」の重要性

　本章の冒頭で述べたように，昨今，テレワークを実施する企業が増えている。それゆえ，テレワークを視野に入れた効果的かつ効率的な戦略的インターナル・ブランディングの実行は，企業にとってもはや必須である。しかしながら，テレワークには「ソーシャル・キャピタル」の構築を阻むいくつかの要因がある。それらは，社員同士または部門間，組織と社員間の①人間関係の希薄さ，②信頼関係の欠如，③協力関係の欠如である。このような不安要素を抱える企業は，組織を効果的かつ効率的に動かすことが困難になる。それと同時に，このような企業はさまざまな状況変化に応じて，柔軟かつ迅速に対応できなくなる。その結果，労働生産性と集団的創造性は低くなり，持続的な成長・発展は望めなくなる。

　したがって，企業は，組織上の課題を解決するために，①健全な人間関係の構築，②良質な信頼関係の確立，③長期的協力関係を促進し，それらを経営資源の重要な要素として明確に認識する必要がある。また，企業は，この 3 つの関係を構築することで，「ソーシャル・キャピタル」が組織内において強化されるように積極的に投資しなければならない。

健全な人間関係の構築・強化

　近年，入社 3 年目以内の若手社員の離職率が高まる傾向にある[12]。その大きな原因の 1 つとして，職場における人間関係の欠如が挙げられる[13]。この

ことから企業は,「ソーシャル・キャピタル」を高める一環として, 福利
厚生を充実させる必要がある。その制度には, 住宅手当, 家族手当, 食事
手当, 通勤手当, 資格手当, 保育所などが挙げられる[14]。とりわけ, 企業は,
社内のオンライン運動会をはじめ, スポーツクラブや各種サークル活動,
企業内保育所の利用を通して, 社員同士の会話や交流を重ねてその関係性
を深めさせることで, 彼らが所属するコミュニティでの仲間意識や一体感
を強化することができる[15]。

　社員同士または部門間, 組織と社員間の人間関係を構築・強化するため
には, 従来の福利厚生制度に加えて, テレワーク関連の各種手当や社員の
精神的側面を支援する新たな福利厚生制度を積極的に導入する必要がある。
また, 企業は, 充実した福利厚生の積極的な導入を通して, 多くの社員へ
熱い想いを伝えることで, 社員同士または部門間, 組織と社員間の健全か
つ良質な人間関係を築き上げなければならない。さらに, 企業は社員を単
なる労働資源ではなく, 一人の人間として尊重するとともに, 企業活動に
おける最重要資源である知的財産として認知しなければならない。企業の
このような想いが全社員に自然に浸透されることによって, はじめて組織
に対する社員の帰属意識が高まり, 社員の入社後の定着率を高めることが
可能になる。

　企業は, 充実した福利厚生制度に加えて, 社員に働きがいのある仕事に
従事できる機会を提供することで, 社員同士または部門間, 組織と社員間
の健全な人間関係の構築を可能にする。また, 企業の「人々の生活の質的
向上に貢献したい」というきわめて普遍的価値が高い自社独自のブランド
理念と,「社会貢献度が高い仕事がしたい」という社員の価値観が合致す
れば, 健全な人間関係の構築のみならず, 相互の理解と信頼関係も深まる。
企業がこれらの関係をより一層深めることは, 社員それぞれが属する部門
の業務活動だけではなく, 他の部門の社員とも, 社会貢献度が高く, 働き

がいのあるさまざまな部門横断的プロジェクトへの参加を容易にする。また，企業は，このような組織的な取り組みを通して，社員同士または部門間，組織と社員間の精神的な絆を深めると同時に，長期的協力関係の形成も可能にすることができる。

　さらに，企業の健全な人間関係を強化するための戦略の1つとして，生え抜き社員を登用する人事制度が挙げられる。企業は，新卒から採用され長期間にわたり勤務しながら，①職場の良好な人間関係と②さまざまなステークホルダーとの人脈や良質な信頼関係を構築し，③知識や情報の共有に大きく貢献している社員を役職に抜擢することで，社員の離職を防ぎ定着率を向上させることができるのである。

良質な信頼関係の確立

　コロナ禍以前は，一般に企業の社員同士または部門間，組織と社員間のリレーションシップは，同じ時間に同じ場所，たとえば，社内の会議室，研修会場など，立ち話ができる社内のスペースに居合わせることで，集団的会話を通して形成されていた。このように，企業は社員同士がオフラインの場において，双方向のリレーションシップを深める時間と空間を提供し，社内コミュニケーションの活性化を促すことで，「ソーシャル・キャピタル」を醸成させることが可能であった。

　しかし，昨今のコロナ禍のような状況では，従来通りの対面コミュニケーションを行うことは難しい。それゆえ，企業はこれからテレワークを積極的に取り入れて実施していく際に，一定の期間においては，十分な感染対策を取って安全性を担保できるオフラインの場とオンラインの場を併用して，社員同士が双方向コミュニケーションを行えるように努めていかなければならない。企業は，双方向コミュニケーションを通して，あらゆる経営活動における中核的な価値である自社独自のブランド理念とブラン

ド・ビジョン，価値観などを多くの社員に明確に理解してもらえるよう働きかけることがきわめて重要なのである。また，信頼関係を築くリレーションシップも必要不可欠である。

とりわけ，このような取り組みにおいては，新入社員に対して十分な支援策を施す必要がある[16]。さらに，その取り組みによって，定期的に各地に散在するそれぞれのチーム・メンバーがオフラインまたはオンラインの場を通して，横のつながりとナレッジ・シェアリング（知識の共有）を可能にするからである。

テレワークが長引くにつれ，社内コミュニケーションが阻まれると，社内において以下のようなリスクが生じる可能性がある。

①組織に対する帰属意識の欠如
②組織としての求心力とチームワークの欠如
③事業業務活動における継続性と一貫性の欠如
④社員個々人の自発性と創造性の欠如

それゆえ，企業はこのような問題を解決するための取り組みとして，安全性を確保できるオフラインの場またはリアルタイムで双方向コミュニケーションが行えるオンラインの場を通して，社員同士または部門間，組織と社員間の人間関係と信頼関係を構築・強化できるように努めなければならない。とりわけ，企業は，さまざまな場を通して新入社員または若手社員を対象にした効果的な対面コミュニケーションを行うことで，心理的な安全性を確保することがきわめて重要である。

それと同時に，企業は，社内コミュニティが自発的に生まれ，社員同士または部門間のコミュニケーションが自然に活発化されるように後押ししなければならない。社内コミュニティは，さまざまな企業価値を生み出せ

表6-2　社内コミュニティの役割と要素

各要素	内　容
①メンバーシップ	コミュニティの一員になることで，人と人との結びつきが重視され，義務感と仲間意識が形成される。
②流動的な境界線	コミュニティは緩やかな集合体であり，さまざまな形態になりうるため，その結びつきはさまざまな方法へ拡大される。
③自発的な行動	コミュニティメンバーの行動は，ボランティア的な特性，つまり自発性が伴う。
④アイデンティティ	コミュニティが存在するのは，誰もがその存在を信じて，自分もその一員だと自覚する帰属意識からなる。
⑤共通の文化	コミュニティの共通認識や，共通の言語と規律は，コミュニティメンバーに正しい成長の方向性を示すことができる。
⑥結集力	コミュニティは，大衆から力を引き出し，人が他人や共同体として力を合わせることで共通目的・目標達成に向けて推進する集団を束ねることができる。
⑦共通責任	企業は，1つの統合されたコミュニティとして地域社会に奉仕活動を行うことで，職場の士気の向上と優秀な人材の確保，ブランドの構築および組織としての社会的責任を果たす。

（出所）　Kanter（2001＝2001：39-41）をもとに筆者作成。

るような機会の場となると同時に，「ソーシャル・キャピタル」を高められる大きな原動力ともなるからである。企業は，社内コミュニティがこのような役割と機能を有効に発揮できるように，表6-2にある7つの要素を有機的に結びつけて活用する必要がある。経営トップは，これら7つが組織内において効果的に作用するように，戦略的なリーダーシップを発揮しなければならないのである。経営トップ自らが積極的に参加し，現場からのさまざまな意見を吸い上げ，情報を共有することで，そこから価値を見出す努力を続けなければならない。その際，経営トップが彼らの言葉に真摯に耳を傾け，要望を受け止める姿勢を示すことがきわめて重要である。このような経営トップの熱意とリーダーシップが，それぞれの社内コミュニティのメンバーに伝われば，社員同士または部門間，組織と社員間の人間関係と信頼関係，さらに組織としての団結力はより一層強まっていく。

　一般に，社内コミュニティは，非公式な場で形成される場合が多いため，各部門のシニア・マネージャーまたは中間管理職がそこに深く介入することは極力避けた方がよい。シニア・マネージャーや中間管理職は，各々の社内コミュニティの様子や状態を見守りながら，彼らの要望に対して可能な限り，後押しするように努める必要がある。その結果，社内コミュニティが活性化され，部門間または社員同士の人間関係と信頼関係の構築のみならず，多くの社員の自発性と創造性をより一層促すことが可能になる。また，社内コミュニティで，さまざまな知識を発見→蓄積→交換→共有→創造→活用することで，社員同士または部門間，組織と社員間の共通の関心事を見つけるきっかけづくりにもなる。それゆえ，このような場への積極的な投資は，非公式な意見と情報であっても，企業が公式に容認すると同時に，その存在を価値として認めているということも多くの社員に伝えることができる。さらに，企業は，社員が自発的にネットワークを形成・維持することを積極的に奨励することで，社員同士または部門間，組織と社員間のリレーションシップを強化できると同時に，創造的活動と魅力的な職場環境づくりを促すことができる。

　企業は，組織としてのブランド価値を高めるために，多くの社員との信頼関係の構築が必要不可欠である。企業のブランディングを戦略的かつ効果的に実行・強化するためには，次のような社員の３つの重要な役割があるからである[17]。①ブランド価値創造の源となる役割（製品研究開発，生産・製造，デザインなど），②ブランド価値を多様なステークホルダーに伝える役割（広告，広報，営業，マーケティングなど），③ブランド価値の創造と伝達のための中核となる基盤を生み出す役割（人材の採用と育成，全社員の自社ブランドへの信頼関係形成，仕事へのモチベーションなど），である。それゆえ，経営トップは，社員同士または部門間，組織と社員間の信頼関係を築けるよう働きかけることがきわめて重要である。その最も有効な方法の１つとして，

企業が社員個々人への信頼と十分な権限移譲が欠かせないのである。

　「ソーシャル・キャピタル」が高い企業の共通点は，経営トップをはじめ，経営幹部または中間管理職が意思決定権と責任の所在を，各々の部門または個人に積極的に分散させていることにある。企業は，現在の経営課題を解決するために，多くの社員またはプロジェクト・チームに適切な意思決定と行動を正しく行えるような円滑な権限移譲を進めることで，組織としての結束力を高める信頼関係の構築をより一層促すことが可能になるのである。企業は，これを実現させるために，さまざまな状況に応じて，各部門または個々の社員が順守すべき判断基準と価値基準を統一させなければならない。

　同時に，経営トップは，これらのような行動基準に沿って適切な判断と行動を取ることで，成果を出した部門または社員を客観的に評価する人事制度づくりにも力を注ぐべきである。[18] それゆえ，経営トップは，信頼に基づく企業文化の最も重要な要素として，プロセスの透明性と開放性，マネジメントの意思決定における公正性と公平性，価値観などを組織横断的に情報共有できるようリーダーシップを発揮することがきわめて重要である（Bartlett & Ghoshal 1997）。企業は，これらの取り組みを推進することで，社員同士または部門間，組織と社員間の信頼関係を築くと同時に，社員個人の自発性の促進と，集団的創造性と組織の成果の最大化を可能にするのである。

長期的協力関係の促進

　「ソーシャル・キャピタル」が高い企業のもう1つの共通点は，長期的協力関係を促す，揺るぎないブランド理念とブランド・ビジョンが存在することである。このような中核的価値観を持つ企業は，これを競合他社にとって模倣困難な共通目標として，組織全体で共有し，いかなる困難な状

況でも一致団結して部門間の連携を強化できる。とりわけ，普遍的価値が高い企業のブランド理念とブランド・ビジョン，価値観は，社員を正しい方向に導くと同時に，彼らの心を束ねる最も大きな原動力となる。

　このために実践すべきことはくり返しになるが，まず，企業は，このことを明確に理解・認識し，首尾一貫したブランド・メッセージとして，外部の多様なステークホルダーに体現できるようにすることがきわめて重要である。次に重要なのは，そこから，多くの社員が強く共感できる，さまざまな事例を取り上げながら話し合えるコミュニケーションの場が必要不可欠である。これは，オフラインの場でも，オンラインの場でも構わない。さらに，普遍的価値のある理念とビジョンに社員だけではなく，顧客をはじめとするステークホルダーにも強く共感してもらえるような意味を込めなければならない。このように，企業は，自社独自の共通目的と価値観を，組織内外の多様なステークホルダーにわかりやすく伝えることで，良質な信頼関係の構築のみならず，コミュニケーションを円滑に行うことを可能にする。また，企業は，協力関係を促すための一環として，多くの社員に持株や金銭的報酬だけではなく，自己実現やモチベーションの向上につなげる施策としてインセンティブや組織としての方向性を示す公式のルールを設けなければならない。このような仕組みは，可能な限り，正規社員だけではなく，関連会社の社員と非正規社員などに幅広く機会を提供した方が有効であろう。それにより，企業は，社員同士または部門間，組織と社員間の協力関係をより一層強化することが可能になる。

　社員同士または部門間，組織と社員間の協力関係を構築するための仕組みの1つとして，社外での会議やセミナーなどへの参加を積極的に支援する施策が有効である。それは社員が金銭的援助を受けて，部門の直接的あるいは間接的な業務内容と関連する異業種交流会に参加し，そこで学んだことや気づいたことを社内のさまざまな場を通して他の社員と情報共有す

る仕組みである。企業は，このような仕組みをつくり，社員個々人の知的
好奇心を引き出すと同時に，知識共有による社内コミュニケーションを活
性化させることで，長期的協力関係をより一層促すことができるようにな
る。

　また，経営トップは，もう 1 つの仕組みとして，採用時または入社する
までの一連のプロセスにおいて，チームワークを重要視する自社の明確な
基準を伝えることにも重点を置くべきである。とりわけ，その基準には，
自社独自のブランド理念とブランド・ビジョンへの共感だけではなく，前
向きな考え方や姿勢を持ち，自己成長とともにチームの一員として協調・
共感できる人材像を盛り込む必要がある。

6　「ソーシャル・キャピタル」の構築・強化

　日本の多くの企業は，2020年 1 月頃から，新型コロナウイルス感染症の
影響により，テレワーク制度の導入が求められている。そのため，企業変
革の一環として，ICT を活用した組織的な取り組みは，もはや選択では
なく必須である。したがって，本章では，ICT を活用した戦略的インタ
ーナル・ブランディングを実行する際に必要不可欠な基盤づくりの促進要
因を「ソーシャル・キャピタル」の視点から明らかにした。本章の考察を
通して導き出された結論を次のようにまとめる。

　社員同士または部門間，組織と社員間における健全な人間関係の構築は，
戦略的インターナル・ブランディングを実行していくうえで最も本源的な
役割を果たしている。まず，企業は，福利厚生制度の充実を通して，社内
における健全な人間関係を構築・強化させることで，組織に対する帰属意
識と忠誠心をはじめ，仲間意識，一体感を向上させることができる。経営
者は，福利厚生制度の実施において金銭的かつ精神的なインセンティブの

両立がきわめて重要であることを明確に認識し実践しなければならない⁽²⁰⁾。

　企業は，社員同士または部門間，組織と社員間の良好な信頼関係を構築・確立するために，オフラインの場とオンラインの場を併用し社員に双方向コミュニケーションを促す社内コミュニティづくりが必要不可欠である。また，経営トップがその場へ参加し，社員の判断や決定を重んじて，彼らに適切な権限と責任を与えることで，個々人の自発性と創造性の促進も可能にする。そのため，企業には，自社が定めた判断基準と価値基準に沿って適切な判断と行動を取り成果を出した部門または社員を，客観的なデータや情報に基づき評価する人事制度づくりが必要である⁽²¹⁾。

　「ソーシャル・キャピタル」の向上を促す長期的協力関係を構築するための中核的価値創造の原動力は，自社独自のブランド理念とブランド・ビジョンである。そのため，企業は，戦略的インターナル・ブランディングを通して，組織の共通目的を浸透させ，社員同士または部門間の連携と組織としての結束力・団結力を強化させなければならない。さらに，企業は，社外の会議とセミナー，講座，勉強会などへの参加を積極的に支援することで，情報・知識共有と社内コミュニケーションの活性化と長期的協力関係の強化をより一層促すことができる。

ソーシャル・キャピタルのリスク

　しかし，「ソーシャル・キャピタル」が形成され，組織内に一体感と親近感が過剰になると，次のようなリスクが生じうる。

①組織の共通目的と時代の変化，普遍的価値観に反するような考え方に対する支持
②成長や改善のための厳しい質問と「創造的摩擦⁽²²⁾」に対する批判と牽制
③社会的責任と法令遵守に反する言動に対する黙認⁽²³⁾

　経営トップは，リスクを未然に防ぐために，その形成プロセスを注意深く見極めつつ，バランスよく調整できるようにしなければならない。

　上述した「ソーシャル・キャピタル」の構築・強化における 3 つの関係を一体として機能させることで，組織力をより一層強化・向上させることができる。言い換えれば，「ソーシャル・キャピタル」の 3 つの構成要素の成立は，戦略的インターナル・ブランディングの実行を促す最も重要な基盤であると同時に，組織力を高めるための戦略的関係の構築・強化を促す大きな原動力にもなるといえる[24]。

　また，企業は，「ソーシャル・キャピタル」の適切な調整と育成による戦略的インターナル・ブランディングを推進することで，「知的機動力」[25]の向上も促すことができる。すなわち，組織全員が市場の環境変化に迅速かつ適切に対応することで，共通目的の実現に向かって常に正しい方向へ進むことを可能にするのである。

注

⑴　ここでいう ICT とは，情報を処理し伝達するために用いるコンピュータ・ネットワークに関連する諸産業分野における技術・サービスなどの総称である（徐 2018b：277）。

⑵　ここでいうテレワークとは，日本語では在宅勤務と訳し「ICT を効果的に活用し，時間と場所の制限を受けずに，有効に活用できる柔軟な働き方」を指す。同様な概念として用いられるのは，リモートワークである。

⑶　詳細な内容については，「Indeed　在宅勤務に関する仕事動向を調査」（http://press.indeed.com/jp/press/20200514/）を参照されたい。

⑷　2020年 4 月16日，全47都道府県が発令対象範囲となった最初の緊急事態宣言以降，日本国内においてテレワークに対する企業の関心度は急速に高まっていた。しかし，その後の 3 度の解除と 4 度目の緊急事態宣言が行われるにつれ，テレワークの実施率は次第に減少していった。とりわけ，中小企業のテレワークの実施率は依然としてきわめて低い。企業を取り巻く内部と外部の環境問題をはじめ，業界・業種の特徴や実状により，2021年 4 月のテレワークの実施率は19.2％程度となっており，政

府が推奨するテレワークの実施率である 7 割には程遠いのが現状である。詳細な内容については，日本生産性本部が行った「第 5 回働く人の意識に関する調査」と労働厚生省のウェブサイトを参照されたい。

(5)　「デジタル・トランスフォーメーション」は，2004年，スウェーデンのウメオ大学のエリック・ストルターマン教授が最初に提唱した概念である。彼の考え方と経済産業省の定義を参考にし，ここでは次のように定義づけることにする。「デジタル・トランスフォーメーション」とは，「ニューノーマル時代を支える最先端のデジタル技術を戦略的に活用した，業務改革や企業変革などを促すことで，自社の競争優位性と価値を生み出すもの」を指す。詳細な内容については，経済産業省の「DX 推進ガイドライン」を参照されたい。

(6)　ブランド理念とブランド・ビジョンの定義については，徐・李（2018）を参照されたい。

(7)　徐・李（2020a：33）。戦略的インターナル・ブランディングの仕組みやプロセス，取り組み方などに関する詳細な内容については，徐・李（2016，2018，2019a，2019b，2019c，2020a，2020b）を参照されたい。

(8)　「ソーシャル・キャピタル」の定義や概念に関する詳細な内容については後述する。

(9)　本書では，オフラインとオンラインの場を含めた戦略的インターナル・ブランディングの実行を促す要因として，「ソーシャル・キャピタル」に焦点を当てている。そのため，ICT を活用した DX の推進にあたり必要な仕組みやプロセスなどに関して論じることは，別の機会に譲ることにしたい。

(10)　「戦略的」の捉え方は，榊原（2002：152-154）に依拠しつつ再解釈している。また，戦略それ自体の意味は，「自社独自のアイデンティティと共通の目的を確立し，長期的な成長へ企業を導くダイナミックプロセスであり，将来に向けてあるべき姿を描くもの」として位置づけることにする。これは，Montgomery（2008＝2008：56-57）をもとに再解釈している。

(11)　「ソーシャル・キャピタル」の 3 つの構成要素については，Prusake & Cohen（2001）に基づき，戦略的インターナル・ブランディングの視点から再解釈し論じることにする。

(12)　詳細な内容については，厚生労働省のウェブサイト（https://www.mhlw.go.jp/stf/houdou/0000177553_00002.html）を参照されたい。

(13)　その他の原因としては，①長い労働時間，②低賃金，③仕事上のストレスの増加，④会社の理念とビジョンに対する共感の欠如などが挙げられる。①と④が組織全体

に蔓延すると，若手社員だけではなく，全社員にインターナル・ブランディングの実行時に重要な基盤となる心理的安定性を高めることは不可能となる。そのため，社員の心理的安定性を高める一環として，とりわけ，①～③の課題に対する解決策として，近年，企業は以下の働き方改革に取り組み始めている。①長時間労働の改善施策を通した働き方，②同一労働同一賃金等非正規雇用労働者の待遇改善，③健康経営。詳細な内容については，厚生労働省のウェブサイト（https://www.mhlw.go.jp）を参照されたい。

⑭　中小企業における保育所は，大企業のようには一般的ではないが，一部の中小企業では社内保育所の運営委託を行っている。これに該当するのは，物流倉庫を運営する会社，化粧品メーカー，メガネ用機器メーカー，フィルムメーカーなどの中小企業がある。これらの企業は，保育所の運営委託を行うことで，優秀な女性社員を確保すると同時に，社員の心理的安定性を高めることができた。詳細な内容については，企業内保育所の委託事例の紹介（https://www.hoiku-consign.com/ex_companies_nursery/small_companies.html）を参照されたい。

⑮　社内のオンライン運動会は，新型コロナウイルス感染症の拡大により増加している。ほとんどのオンライン運動会は，テレワーク期間中に開催されており，チームワークを大事にする競技が多い。種目は，「映像を使った競技」「ARを使った競技」「借り物しりとりリレー」「筋肉算用」「オンラインウルトラクイズ」「肺活量走（風船割り競走)」などがある。オンライン運動会は，テレワークで働く社員のストレス発散に効果があり，コミュニケーションの活性化とチームの生産性の向上を促すことができる。また，これまで接する機会がなかった社員同士の交流を深めるきっかけにもなる。詳細な内容については，運動会プロジェクト（https://undoukai.co.jp/）や運動会屋（https://www.udkya.com/）のウェブサイトを参照されたい。

⑯　新入社員に対する支援策としては，メンタルヘルス対策をはじめ，女性の新入社員向けの育児支援策，職場でのコミュニケーション・スキルやセルフ・マネジメント・スキルの向上を目指すための研修などが挙げられる。この支援策は心理的安定性を確保したうえで実施するのが望ましい。心理的安定性が確保されない限り，支援策の効果は得られない。また，新入社員の年齢に近い入社3年目位の社員とよく話し合える場を設けることも効果的である。詳細な内容については，JMAMのウェブサイト（https://www.jmam.co.jp/hrm/）を参照されたい。

⑰　徐・李（2018.10：23）。

⑱　社員を客観的に評価する人事制度としては，業績目標達成度や数字に基づいた客観的な評価だけではなく，業績やブランド価値の向上を導いたプロセスに対する評

価をはじめ，業務に直結する知識やスキルに関する資格を保有する能力に対する評価が挙げられる。また，社員の行動や態度を評価する人事制度として，①組織のルールを順守する規律性，②与えられた仕事に責任を持って取り組むコミットメント，③常に上を目指し業務に取り組み挑戦する向上心，④チームメンバー同士で協力して取り組む姿勢や協調性に対する評価が挙げられる。さらに，上司だけではなく，部下や同僚，顧客などのような幅広い立場にある人の視点を用いて評価をする360度評価も挙げられる。ただし，これらの評価には，メリットやデメリットがあるため，自社の組織文化や社員の状況・立場を考慮し客観的な人事評価制度をつくるべきである。 詳細な内容については， 人事評価制度（https://bizhint.jp/keyword/73973）とMieruno（https://dmet.co.jp/mieruno/717/）を参照されたい。

(19) 外部のステークホルダーへの一般的な体現の方法として，TV・ラジオ・新聞・雑誌といった従来の広告活動をはじめ，SNS広告活動，屋外でのイベント，営業活動などが挙げられる。

(20) 従来の福利厚生には，給与や賞与などの基本的な労働対価に加えて，従業員とその家族に提供する報酬，雇用保険や労災保険などが用意されていた。しかし，最近，多くの企業が積極的に実施している福利厚生制度には，金銭的な面だけではなく，良い職場環境づくりやビジネスに必要な情報収集，テレワークの環境整備，心身の健康維持，語学などの幅広い分野にわたる施策が行われている。このような多様な福利厚生サービスを，中小企業でも最小限のコストで導入し実施できるように，その運営を支援するウォンテッドリー株式会社は，エンゲージメント領域の新事業として次世代型福利厚生サービス「Perk」を提供している。詳細な内容については，ウォンテッドリー株式会社のウェブサイト（https://wantedlyinc.com/ja）を参照されたい。

(21) ここでいう客観的なデータや情報とは，①定量調査を通した数字で評価できる営業活動の業績をはじめ，②定性調査を通した数字で評価しがたい業務活動への姿勢や協力性を上司・同僚・部下のからの意見と評判を総合的にはかる基準を指す。

(22) ここでいう「創造的摩擦」とは，組織が直面するさまざまな課題を解決するための建設的な意見の対立を指す。「創造的摩擦」の詳細な内容については，Dorothy & Susaan（1997）を参照されたい。

(23) これらのリスクは，基本的に営利を目的とした経済活動を行う民間企業だけではなく，政府および独立行政法人のような公的機関などを含むあらゆる組織においても起こりうる。

(24) ここでいう戦略的関係とは，企業変革の①最初から多数派，特に既存の主流派を

　　敵視しないこと，②組織の共通目的を全社員への共有，③抵抗勢力の味方にすることを実現できる関係を指す。

⒄　「知的機動力」の詳細な内容については，野中（2017）を参照されたい。

第Ⅱ部　実践×事例

第7章
ブランド・マネージャー認定協会の取り組み

1　ブランド・マネージャー認定協会の設立理由

　本章では，株式会社イズアソシエイツ（以下，イズアソシエイツと表記）が運営する一般財団法人ブランド・マネージャー認定協会（以下，協会と表記）の事例を通して，企業の理念を構築・浸透させるために，必要不可欠な戦略的ブランディング（エクスターナル・ブランディングとインターナル・ブランディングの同時実現）のあり方について考察する。「日本の中小企業を1社でも多く『ブランド・カンパニー[(2)]』にする」という考え方は，イズアソシエイツの存在意義と長期的な企業価値であり，協会の究極の目標でもある。

　イズアソシエイツや協会が重視している考え方の背後には，大企業がブランド強者であるとすれば，「中小企業はブランド弱者である」（徐・李2018）という暗黙の前提がある。

　そのため，協会は，中小企業ならではの経営課題を解決するために，戦略的な視点に基づいた「ブランド構築のための8つのステップ[(3)]」という「チームブランディング[(4)]」で取り組めるような仕組みを確立し提示している。また，協会は，中小企業の組織内において「チームブランディング」力を最大限に活用することで，「ブランド創発型企業」の構築・強化に大いに貢献している。つまり，中小企業の全社員が組織のあるべきブランド

理念とブランド・ビジョンが持つ意味を明確に理解・認識し，そこから強い刺激や共感を得て，組織的に共有し，体系的に可視化し，自ら考え行動する組織風土や組織文化を築き上げることを支援しているといえる。

2　ブランド・マネージャー認定協会の実績

　ここからは，第1章で明らかにした，中小企業のブランディング戦略を阻害する要因を解決するために，戦略的かつ組織的な取り組みを行っている協会の先進的な取り組み事例を考察する。

事例対象企業の選定理由およびインタビュー

　上述したように，ブランド強者である大企業に比べ，中小企業はブランド弱者である。徐・李（2018）は，ブランド弱者である中小企業がブランディングを行う際に直面する課題を解決するための基盤づくりとして，次のような3つの戦略的な取り組みを，理論的な視点から提示している。

①普遍的な適用可能性の高いブランドの定義をベースに置きつつ，各々の中小企業独自の考え方を加味したものを明確にし，組織内の全社員が強く共感・共有できるように働きかけること
②ブランドとブランディングの重要性に対する中小企業の経営トップの明確な認識と深い関与
③戦略的なインターナル・ブランディングの実行

　また，徐・李（2018）は，中小企業の経営トップとマネージャーの工夫次第によって，持続的な成長を実現させるために，ブランディングを適用可能な競争戦略の1つとして有効活用できると強調した。

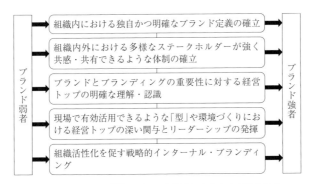

図 7-1 ブランド弱者がブランド強者になるための取り組み
（出所） 筆者作成。

協会は，ブランドを構築するための基盤を整えつつある。

①独自のブランド定義[(6)]と多様なステークホルダーが強く共感・共有できる
　ような体制の確立
②実際の現場で持続的な成長を促すブランドとブランディングを有効活用
　できるような「型」や環境づくりに深く関わるリーダーシップの発揮
③幅広い業界・業種において適用可能な戦略的インターナル・ブランディ
　ングを行うことによる中小企業の組織活性化の促進

これらが，本書の事例対象企業として選定した理由である（図7-1参照）。
　上記の選定理由を踏まえて，ここでは，協会がどのような戦略的意図で，
組織的な取り組みを行っているのかを中心に述べていく。協会の代表理事
と3名のブランド・コンサルタントへのインタビューを通して得られた知
見をはじめ，協会の内部資料およびウェブサイト，文献などの内容をもと
に考察していく。インタビュー実施日時と対象者は以下の通りである（表
7-1参照）。

表 7‐1　インタビュー実施日時および対象者

日　時	対象者
2018年5月28日 13:00〜15:00	吉田ともこ（株式会社オレンジフリー代表取締役社長兼一般財団法人ブランド・マネージャー認定協会マスタートレーナー） 蒲原くみ（株式会社オレンジフリーブランディングデザイナー兼一般財団法人ブランド・マネージャー認定協会エキスパートトレーナー）
2018年6月4日 10:00〜12:30	岩本俊幸（株式会社イズアソシエイツ代表取締役社長兼一般財団法人ブランド・マネージャー認定協会代表理事） 能藤久幸（株式会社イズアソシエイツブランド・コンサルタント兼一般財団法人ブランド・マネージャー認定協会ディレクター）
2018年8月14日 09:30〜12:00	能藤久幸（株式会社イズアソシエイツブランド・コンサルタント兼一般財団法人ブランド・マネージャー認定協会ディレクター）

（注）　記載されている肩書は，インタビュー当時のものである。
（出所）　筆者作成。

戦略的かつ組織的な取り組み事例

協会は，日本で唯一，プロのブランド・マネージャーを養成する専門組織として，人材育成や啓蒙活動を行っている。イズアソシエイツの経営トップであり，協会の代表理事でもある岩本は，「成長の縁」を重んじつつ，セレンディピティ（偶然の幸運に出会う能力(7)）を強化することで，同協会の活性化を促している。不確実性の高い市場環境において，さまざまな分野の人々（企業の経営者，マーケティングやブランディングの専門家，大学の学識者など）との出会いを大切にし，そこから気づかされたことや学んだことを，ブランディングに関する再現性のあるフレームワークやプロセスといった実践的な知識やスキルとして最大限に活かしている。このような「出会い」⇒「気づき」⇒「行動（受容）」という一連のプロセスを徹底的に実践することで，岩本は上記の2つの組織の持続的な成長と発展を一層促している。

岩本は1991年に広告制作会社としてイズアソシエイツを設立した。同社は時代の変化に合わせ，コミュニケーション・ツールを①広告戦略→②販売促進戦略→③マーケティング戦略→④ブランド戦略へ転換させて進化を遂げつつある。とりわけ，岩本は1990年代に大企業の成長戦略の推進

役を果たしていたブランド戦略やブランディングに深い興味を持ち，そのリテラシーを高めるために，関連書籍の購読をし，セミナー・講座に積極的に参加した。そこで学んだブランド戦略やブランディングの手法，ノウハウを，中小企業の成長戦略の1つとして活用できるよう試行錯誤を重ねることによって，ブランドを構築するための「型」をつくることができたのである。

　イズアソシエイツは，同社が重んじている考え方を体現し実現させるために，戦略的な組織づくりと「場のマネジメント」，

イズアソシエイツの企業理念	
↓	
ブランド・マネージャー認定協会 企業理念の実現を促すための組織	戦略的な場①
↓	
トレーナーの育成	コア人材兼BA
↓	
各種ブランド講座やセミナーなど	戦略的な場②
↓	
ブランド・マネージャーの育成	BA
↓	
SI，MM，BL，情報誌『Me：iku』	情報発信
↓	
毎年「公開シンポジウム」の開催 ブランドへの情報的・心理的相互作用	戦略的な場③ BCの構築
↓	
日本の中小企業のブランド・カンパニー化	企業理念の実現
↓	
日本経済の活性化と発展への貢献	

図7-2　ブランド・マネージャー認定協会が生み出した好循環プロセス
(注)　BA（Brand Ambassador），BC（Brand Community），BL（BRANDING LABO），MM（Mail-Magazine），SI（Special Interview）。
(出所)　筆者作成。

スペシャルインタビューやメールマガジン（ブランド脳のススメ）といった情報を発信するコンテンツづくりに専念している。そのため，同社が有するブランド競争力もさることながら，他の組織に属するブランディングの専門家と学識者の成果を得つつ，戦略的な組織や場として協会を設立した。現在では，ブランド・マネージャー認定協会のビジョンとミッションを構築・浸透させるための好循環プロセスを生み出しつつある（図7-2参照）。同協会では，ブランド・マネージャーの育成とともに，ブランディングに関する教育活動と啓蒙活動を通して，協会のビジョンを可視化させる場を提供することで，日本の中小企業の成長とブランド価値の向上を促し，日

表7-2　ブランド・マネージャー認定協会の軸

ビジョン	「ブランド」の教育を通じて，ブランドとビジネスに深い洞察と実行力を持ち，且つ社会的価値提供の視座を持つ人材を育成し，彼らが集う世界に通用するビジネス・コミュニティを築く。
ミッション	優れたブランドを構築できるブランド・マネージャー，ブランド構築のプロフェッショナルを数多く輩出することで，さまざまな組織の持続的成長を促し，企業価値を向上し続け，日本経済の活性化と発展に貢献する。
ブランド・ポジショニング	ブランドを学ぶなら，一般財団法人ブランド・マネージャー認定協会。

（出所）　ブランド・マネージャー認定協会のウェブサイトをもとに筆者作成。

本経済の活性化と発展に大いに貢献しているといえる。

　協会は，表7-2で示されているビジョンを実現するために，主に次のような2つの手法を通して，ブランディングに関する教育活動を行っている。その2つの手法は，協会独自のカリキュラムである「ブランド構築のための8つのステップ」と「チームブランディング」である。同協会は，このような取り組みを徹底的に実践することで，ブランド構築問題に直面する中小企業の組織において，その課題を解決するために市場環境や事業の状態を客観的かつ全体的に把握できる人材の育成を促している。それと同時に，ブランド構築戦略を組織的かつ体系的に実践できる力を持つ人材も育成することで，ブランディングの重要性への共通の目的や認識を持つ人々が集まるビジネス・コミュニティを構築しつつある。

　また，協会のミッションは，日本の中小企業が競合他社にとって模倣の困難なブランドを戦略的に創造し，組織的にマネジメントできるブランド・マネージャーを育成することである。その結果，中小企業の持続的な成長を促すと共に，自社ブランド価値を高められる。さらに，協会のミッションには，日本経済の活性化と発展に貢献することも含まれている。それゆえ，協会は，中小企業の経済的な価値を高めるだけではなく，組織的な価値をも向上させていくことをブランディングに対する捉え方や実践方

法として重視しているといえる。最近，協会は，SDGs（持続可能な開発目標）に取り組むことを通して，中小企業のブランドを構築するとともに，自社ブランド価値の向上と確固たるポジショニングの確保をよりいっそう促すようなソーシャル・グッド・ブランディングにも注力し始めている。

　協会は，表7‐2で示されているブランド・ポジショニングを確立するために，次のような3つの戦略的な取り組みを行っている。

①全国的なコミュニティの構築。日本全国に協会卒業生のネットワークを広げ，学びはもとより，情報交換，個人・企業同士での連携など，互いに貢献し合う活動を通じて，活発なコミュニケーションを行っている。
②企業において必要な資格として位置づけられること。協会のカリキュラムによってブランディングの成功事例を数多く生み出し，実務面での功績が期待できる，実践に裏付けられた資格になることを目指している。
③若い人材の育成。学生・第二新卒といった若い人材育成に力を入れ，事業価値の高いブランドの知識を持った人材を数多く輩出している。

　また，協会の最大の特徴として，活動や取り組みに関わっている構成員は企業や組織に属しつつ，協会のビジョンとミッションの実現に向けて，協会全体が一丸となって取り組んでいる点が挙げられる。協会で行う各種プログラム，カリキュラム，セッション，セミナー，公開シンポジウムなどを通して，協会のビジョンとミッションの実現のための重要な知識や場をマネジメントしている。そして，そこで得られたノウハウを企業や組織において最大限に活用させることで，経済的な価値の向上だけではなく，組織的かつ社会的な価値も高めている。

　協会の10年間にわたる各種ブランディング講座の受講者数は，年々増えつつある（図7‐3参照）。2日間の基本講座であるベーシックコースと上位

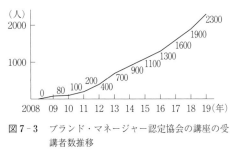

図7-3　ブランド・マネージャー認定協会の講座の受講者数推移

（出所）　2019年度第9回公開シンポジウムの資料をもとに筆者作成。

コース（アドバンスコースとトレーナー認定コース）を含めると，すでに延べ3,000名以上が受講している（2022年2月末時点）。それぞれの講座で学ぶ主な内容は次の通りである。ベーシックコースでは，ブランドに関する基礎知識を学習させつつ，確固たる自社の「ブランド構築のための8つのステップ」を体系的に習得させている。[10] アドバンスコースでは，実際に現場でブランドをマネジメントしていくために目指すべき企業像を表す，ブランド・ステートメントの構築が中心的な内容である。この作業を通して，より深く，より精緻にブランディング戦略を学びつつ，実践的な知識やスキルを習得させている。トレーナー認定コースでは，同協会の認定トレーナーとして活躍するために必要なコーチング力の養成・強化を目指している。受講生は，企業経営者，幹部，マーケティング担当者，クリエイター，コンサルタントといった職種に広がる傾向がある。受講生の所属企業は，出版業界，理美容業界，食品メーカー，レジャー関連，通販などさまざまで，企業規模も中小企業から大企業まで幅広くなっている（表7-3参照）。

縦割り型組織構造による負の連鎖

　協会が提唱するブランディングの考え方や実践方法を戦略的かつ組織的に行っている中小企業は，市場環境の変化や状況に応じて，柔軟かつ迅速に対応することで，価格競争に巻き込まれず，自社ブランドの競争力を高めつつある。[11] しかし，中小企業が組織内においてブランディングを推し進

表7-3　受講生の所属企業

メディア	(株)集英社，(株)小学館，(株)オールアバウト，(株)ぐるなび	小　売	合同会社西友，東リ(株)，イオンバイク(株)
理美容・ビューティーケア	ヘンケルジャパン(株)，(株)ミルボン，ドクターリセラ(株)，クラシエホームプロダクツ(株)	製　薬	大日本住友製薬(株)
飲　食	(株)ドール，森永乳業(株)，森永製薬(株)，東海漬物(株)，UCC上島珈琲(株)	保　険	日本興亜損害保険(株)
レジャー・エンタメ	(株)平安閣，(株)カプコン，ビクターエンタテインメント(株)，(株)ロイヤルパークホテルアンドリゾーツ	IT	日本ユニシス(株)，(株)リクルートテクノロジーズ
通　販	(株)オークローンマーケティング，(株)レミントン	広　告	(株)クレオ，(株)アイ・エム・ジェイ
鉄　道	東京急行電鉄(株)，東日本旅客鉄道(株)	建　設	大和ハウス(株)，日建リース工業(株)
その他	(株)リクルートホールディングス，(株)ベネッセコーポレーション，三機工業(株)，日本航空電子工業(株)，(一社)日本ファッションスタイリスト協会など		

（出所）　2018年度第8回公開シンポジウムの資料をもとに筆者作成。

めるに当たって，それを阻害する大きな課題として，サイロ型といわれる縦割り組織構造が挙げられる。これを組織構造論的な視点から考えると，「独自の管理チームと才能ある人材を内部にしまい込んで，他の部門との協力，コミュニケーションすら行う動機もなければ，望みもしない，閉鎖性の高い組織」（Aaker 2008）であると定義づけることができる。サイロ型の縦割り組織構造では，他部門との円滑な情報の共有や連携が取れないため，組織内の各部門が組織全体のことを考えず，自己部門のことだけを優先しがちである。このような考え方が組織内に蔓延していくと，戦略的かつ組織的なブランディングを行うための部門間の連携や重要な情報の共有ができなくなってしまい，ブランディング近視眼による負の連鎖が生じてしまうおそれがある。

　その結果，中小企業のブランディング活動の中心的な軸となる企業の理念とビジョンを，組織内に確実に浸透させることは事実上，きわめて困難となる。協会は，このような組織構造上の課題を解決するために，部門横断的なコミュニケーションを用いた戦略的なインターナル・ブランディングを活用している。

　このことは，次のような3つのメリットを生み出しつつある。

①自社ブランドをより確固たるものにすることができる点

②自社ブランドの価値を高めるブランディングに関する意見や情報を創出・共有・活用できる点

③組織全体の一体感や組織活性化を高めることができる点

　このような取り組みこそが，真の戦略的なインターナル・ブランディングのあり方なのである。

3　中小企業のブランディング戦略の実行における解決策

　本章では，中小企業のブランディング戦略の実行における課題とその解決策として，ブランド・マネージャー認定協会の先進的な取り組み事例を考察した。そこで明らかになった解決策は，以下の5点である。

　第1の解決策は，経営トップのブランディングの重要性に対する明確な理解と認識，深い関与である。これにより，自社ブランド価値の向上と確固たるポジショニングの確保を可能にするために必要不可欠な自社の潜在的な経営資源を十分に活用することができるようになる。また，上記の取り組みを通して，ブランド弱者のブランディング戦略の実行における人的資源と財政資源，ノウハウの欠如，時間不足といった阻害要因を把握する

ことにより，ブランディング近視眼的経営に陥ることを未然に防ぐことが可能になる。すなわち，中長期的な視点から，自社のブランディング戦略に取り組むことができるようになるのである。

　第2の解決策は，ブランディングに対する経営トップの知識とリーダーシップの発揮である。この実現により，ブランド弱者は，ブランディングを実行する際に重要な優先順位を正しくつけることで，それを戦略的に推し進めやすくなる。

　第3の解決策は，ブランド弱者のブランディング戦略の実行における組織能力を高める企業努力である。中小企業の組織内で，ブランディングに関する専門知識や経験が豊かな外部のブランディングの専門家の力を借りることで，「チームブランディング」を行えるよう努めることなのである。その結果，自社のブランド価値の向上と確固たるポジショニングの確保に必要不可欠な企業の有形・無形の資産を投じて優れた製品・サービスを創り出すための組織能力を高めることができるようになる。

　第4の解決策は，中小企業の経営トップが自社ブランドの構築とブランディング戦略の実行において重要な役割を果たすと同時に，現場の社員も巻き込むことである。中小企業の経営トップは，ブランディング戦略のための唯一の最終意思決定者であり，推進役でもある。それゆえ，中小企業のブランド構築とブランディング戦略の実行への最上位レベルの関与はきわめて重要なのである。

　第5の解決策は，協会が独自のビジョンとミッションを組織内外に構築・浸透させるために行う戦略的ブランディングである2つの仕組みを指す。1つ目のブランディングの業務遂行上の仕組みとしては，普遍的で適用可能性や再現性の高い，確固たる自社の「ブランド構築のための8つのステップ」の体系化が挙げられる。2つ目の組織的な仕組みとしては，中小企業のブランディング戦略の中核となる理念とビジョンを体現するため

のブランド・マネージャーの育成体系が挙げられる。また，部門間の垣根を超え，部門横断的に自社独自のブランド理念とブランド・ビジョンを全社員に理解・共感・共有してもらえる戦略的インターナル・ブランディングや「チームブランディング」が挙げられる[12]。

　また，協会独自の付加価値は，日本の中小企業が直面するブランド構築問題の解決という究極の目的を実現させることである。「日本の中小企業を１社でも多く『ブランド・カンパニー』にする」ことこそが，協会独自の付加価値の向上につながったといえる。それゆえ，イズアソシエイツの経営トップであり，ブランド・マネージャー認定協会の代表理事でもある岩本は，「経営者は自社が存在している世界と自社が存在しない世界を比べるべきである」（Brandenburger & Nalebuff 1997）ことを常に想定しつつ，同協会の運営を組織的かつ体系的にマネジメントしているにほかならない。

　最後に，協会の戦略的かつ組織的な取り組みは，学識者，ブランディングの専門家，トレーナーが長年にわたり培ってきた実践知をバランスよく組み合わせながら，中小企業が「ブランド創発型企業」へ漸進することへ大いに寄与している。

注

(1)　ここでいう理念とは，次のような６つの定義を含んだものを指す。①21世紀に企業やブランドが成功するためのカギを握る要素，②社員に始まり顧客にいたるまで，企業やブランドが関わるすべての人々を末永く味方につけ，連帯させ，行動の背中を押し続ける唯一の手段，③市場で競争力を得るために事業・リーダーが活用できる最も強力な道具，④企業やブランドの根本的な存在目的，企業やブランドが世界にもたらす高次の恩恵を表現したもの，⑤社内の人々がいだく中核的信念と，その企業やブランドが奉仕する人々が重んじる基本的価値観を結びつける要素，⑥社会的責任や利他主義に基づく行動にとどまらず，人々の生活をよりよいものにすることを通じて利益をあげ，成長を実現するための基本指針，である（Stengel 2011＝2013：9）。

⑵　ここでいう「ブランド・カンパニー」は，本書で取り上げる「ブランド創発型企業」と同様な概念として捉えている。

⑶　戦略的な視点に基づいた「ブランド構築のための8つのステップ」は，イズアソシエイツが運営するブランド・マネージャー認定協会が定めた「型」である。詳細な内容については後述する。

⑷　ここでいう「チームブランディング」とは，「ブランド構築に係る活動を，プロジェクト・メンバー各々が担うことで，信頼関係の醸成と経営目標の達成を目指す，小集団でのアイデンティティ構築手法」を指す（一般財団法人ブランド・マネージャー認定協会 2015：70）。

⑸　ここでいう組織風土とは，「仕事環境で生活し活動する人が直接的かつ間接的に知覚し，彼らのモチベーションおよび行動に影響をおよぼすと考えられる一連の仕事環境の測定可能な特性」を指す（Litwin & Stringer 1968＝1974：1）。これをより簡単に表現すると，組織風土とは「組織内の全社員が認知する仕事環境」であると定義づけることができる（福間 2006：2）。

⑹　同協会によるブランドとは，消費者・顧客の視点から見た定義であり，「ある特定の商品やサービスが消費者・顧客によって識別されているとき，その商品やサービス」を指す（一般財団法人ブランド・マネージャー認定協会 2015：34）。

⑺　セレンディピティの詳細な内容については，茂木（2009）を参照されたい。

⑻　協会の構成員は，顧問，評議員，理事，アドバイザー，カリキュラム編集委員会，トレーナーからなる。

⑼　ここでいう組織的価値とは，経営者のリーダーシップをはじめ，組織に対する社員の忠誠心と目標を自発的に達成しようとする意欲の向上を指す。そして，社会的価値とは，ブランド弱者である中小企業のブランドの競争力を高めることにより，組織の活性化の向上につなげ，日本社会全体の持続可能な発展に寄与することを指す。

⑽　「ブランド構築のための8つのステップ」のより詳細な内容については，一般社団法人ブランド・マネージャー認定協会（2015：82-133）を参照されたい。

⑾　毎年11月，ブランド・マネージャー認定協会の主催で行われる公開シンポジウムにて発表されるブランディング事例コンテストの中で，その成果が出始めている。

⑿　ブランド・マネージャー認定協会は，2019年からインターナル・ブランディングのコンサルタントを養成するための講座を実施している。その詳細な内容については，「インターナルブランディングコース」（https://www.brand-mgr.org/school/internal.html）を参照されたい。

第8章
中島大祥堂の戦略的ブランディングの取り組み

　本章では，ブランド弱者である中小企業におけるエクスターナル・ブランディングとインターナル・ブランディングの取り組みについて，ギフト菓子メーカーである株式会社中島大祥堂（以下,「中島大祥堂」と表記）の事例を通して提示する。とりわけ，「中島大祥堂」の歴史的な事象を多面的な視点から捉えることで，同社の企業競争力の発展プロセスを5つの段階に分けて考察する。その視座の中心的な軸は，組織全体で取り組むべきホリスティック・ブランディングである。これは，「競合商品に対して自社商品に優位性を与えるような，長期的な商品イメージの創造活動」（小川1994）だけにとどまらず，自社ブランド価値を高めると同時に，業界内で確固たるポジショニングを確立するための，企業の内部と外部の統合された一連のマネジメントやコミュニケーション戦略の策定に関わる諸活動を指す。さらに，本章では「中島大祥堂」の中島慎介社長（以下,中島社長と表記）をはじめ，同社のエクスターナル・ブランディングとインターナル・ブランディングの推進に直接携わっていた各部門の社員および外部のブランディングの専門家とのインタビュー調査，内部資料の考察などを通して議論を展開していく。

1　「中島大祥堂」の選定理由およびインタビュー

まず,「中島大祥堂」に注目するようになったのは,筆者の研究(徐・李2018)の一環として,日本の中小企業のエクスターナル・ブランディングとインターナル・ブランディングの同時実現に関する実践的な知識と実行時の課題などを発見するために,一般財団法人ブランド・マネージャー認定協会(以下,協会と表記)を訪れたのがきっかけである。協会のディレクターである能藤久幸(以下,能藤と表記)が約1年間手がけていた「中島大祥堂」のプロジェクトに関する企業内研修・講演会の内容が筆者の研究に有益であると判断した。「中島大祥堂」が取り組み始めたブランディングから,筆者の提示した(徐・李 2018, 2019a, 2019b)中小企業の基盤強化への戦略的取り組みが窺えたからである。

これを踏まえて,「中島大祥堂」がどのような戦略的ビジョンの下で,

表 8 - 1　インタビューの実施日時および対象者

日　時	対象者
2018年9月10日 13:30〜15:00	中島慎介(代表取締役社長)
2018年9月10日 15:00〜16:30	安藤利朗(品質管理部品質保証課専門課長) 奥野誠広(生産本部生産技術部課長) 尾崎　吏(経営管理部総務人事部) 手塚慎二(経営管理本部本部長) 濱平智子(営業・マーケティング本部マーケティング部商品開発課) 堀　友則(生産本部大阪本社工場生産管理課課長代理) 布野　周(生産本部大阪本社工場製造課リーダー)
2018年6月4日 10:00〜12:30 2018年8月14日 9:30〜12:00	能藤久幸(株式会社イズアソシエイツブランド・コンサルタント(当時)兼一般財団法人ブランド・マネージャー認定協会ディレクター)

(注)　記載されている肩書は,インタビュー当時のものである。

「ブランド創発型企業」化させるために，どのような取り組みを行っているのかを中心に述べていく。以下では，中島社長をはじめ，関係者とブランディングの専門家である能藤とのインタビュー，同社の内部資料およびウェブサイト，文献などをもとに考察していく。インタビュー実施日時と対象者は表 8 - 1 の通りである。

2　「中島大祥堂」の事例考察

企業家精神の形成期

「中島大祥堂」は，1912年（大正元年）に創業し，2022年に創業110周年を迎える，伝統と革新のバランスを重んじるハイブリッド型経営で質的成長を目指す中小ギフト菓子メーカーである。同社の主な事業は，クッキーやケーキのような焼菓子をはじめ，デザート菓子（ゼリーやプリンなど），チョコレート菓子，生菓子といった和洋菓子の製造・販売である。また，同社は基幹店舗と百貨店の運営・管理にも注力している。同社は自社ブランドとして，「Hitotoe（ひととえ）」「DANKE（ダンケ）」「NTD（中島大祥堂）」があり，それぞれの明確なブランド・ビジョンを有している（表 8 - 2 参照）。それと同時に，同社は高級チョコレート・メーカーの OEM や流通事業者の PB 商品にも積極的に取り組んでいる。さらに，日本国内のギフト菓子業界において高業績を挙げており，2017年 3 月には新しく市場に投入した「DANKE」ブランド「ロカボ・スタイル」を大ヒットさせ，さらなる企業成長を目指し新しい分野に挑み続けている。

今日の「中島大祥堂」の原点は，同社を創業した中島治郎兵衛（弘喜）氏の強い想いにある。それは今では想像もつかないほどきわめて大きな制約条件を克服しつつ，当時の人々の幸せのために，常に時代の変化とともに進化を遂げた菓子づくりへのこだわりや，信念を持って貫き通したいと

表8-2　「中島大祥堂」の3つの自社ブランドのビジョン

Hitotoe	ビジョン：「想う時間」が生まれるお菓子 心を込めて贈り物をするとき，お互いを「想う時間」が生まれる。そんな作り手・贈り手・貰い手の「想う時間」を大切に「人と人の縁をつなぐ」「人に笑顔が生まれる」上質なお菓子をお届けします。
DANKE	ビジョン：いつもの中に特別な時間をつくるお菓子 ちょっと贅沢なお菓子で，いつもの平凡な時間の中に特別なひとときをつくり出す。一息いれたい時間，誰かと一緒にいる時間，そんな時間に寄り添い「ありがとう」と想って頂けるお菓子をお届けします。
NTD	ビジョン：里山から実りと心を込めたお菓子 日常にも特別な日にも寄り添う。丹波の豊富な実りを活かすことはもちろん，パティシエの技術・センスを駆使し，時代に合った新しいお菓子をお届けします。

（出所）「中島大祥堂」のウェブサイトをもとに筆者作成。

いう創業者の並々ならぬ意志にほかならない。このような激動期を生き抜くために，干菓子や焼菓子の製造を続けていた創業者には，強靭な企業家精神が芽生え始めていたと考えられる。言い換えれば，創業者はどんな困難な状況でも決して屈せず，常に事業機会を積極的に追求しつつ，菓子づくりに精力的に取り組んでいたのである。こうした創業者の精神は，創業時から現在に至るまで変わることなく，脈々と受け継がれている同社の「革新の遺伝子」なのである。この時期を「激動期における強靭な企業家精神の形成期」と位置づけることにする。

企業家精神の革新期から品質管理体制の形成期

　上記の「中島大祥堂」の「革新の遺伝子」である強靭な企業家精神を確実に受け継いでいた現在の中島孝夫会長（以下，中島会長と表記）は，1968年，自然由来の素材の使用による菓子づくりに徹底的にこだわっているドイツへ2年間の留学を決意する。海外旅行でさえ珍しかった当時，中島会長はこの経験を通して，ドイツをはじめとするヨーロッパの経済と産業の動向，先進的な洋菓子づくりを積極的に学んだ。この海外留学の経験が起

爆剤となり，これまで和菓子のみを扱っていた「中島大祥堂」は，洋菓子への進出を決断するようになる。

　そこには，卓越した先見性を持った中島会長の強いリーダーシップがあった。同社は，1970年の大阪万博を機に工場設備の近代化を推し進めるようになる。これが品質管理体制の最初の基盤となり，翌年の1971年には，洋菓子ブランド「DANKE」を立ち上げた。ブランド名にドイツ語で「ありがとう」を意味する「Danke」には，同社の企業理念である「一番大切な人に食べてもらうお菓子づくり」の根底にある「感謝の経営」を最重要視する中島会長の強い想いが表われている。50年前から，中島会長は，自社ブランドの重要性について明確に認識していたに違いない。

　「中島大祥堂」にとって最も大きな転換期は，1986年である。「中島大祥堂」はスーパーなどに袋菓子を卸していたが，菓子づくりにおいて当時は取引条件に関する厳しい制約が多かった。中島会長は，このような外部環境における脅威をチャンスに変えるために，同社の技術力を一層高めることに注力しつつ，高級路線への転換を目指し，スーパーから専門店へと売場を変更する流通改革を引き起こした。また，1987年，彼は新ブランドとして創業者が使用していた雅号「聴松庵三笑」を和菓子ブランドとして活用し，葛餅など和の半生菓子を開発し，専門店での販売を開始した。このような中島会長が持つ先見性や強靭な企業家精神は，同社の持続的な競争優位性の構築・強化を促すと同時に，自社のブランド価値を向上させる大きな原動力となったといえる。この時期を「強靭な企業家精神・流通の革新期と自社ブランドづくりの形成期」と「品質管理体制の形成期」と位置づけることにする。

品質管理体制の革新期

　中島会長がこれまで築き上げてきた「革新の遺伝子」は，「中島大祥堂」

143

の企業価値の向上を促すと同時に，社内において脈々と受け継がれている。それらは，①「感謝の経営」，②時代を先読みする「先見性」，③「コントロール可能な資源を超越して，常に事業機会を追求する」強靭な企業家精神，④自社ブランドの重要性に対する経営トップの明確な認識など，である。このような「革新の遺伝子」を受け継いだ現在の中島社長は，2008年に9代目の社長に就任し，同社の品質管理体制をより一層強化するために，2010年に竣工した本社工場でHACCP[3]の認証を取得することで，製造拠点の品質管理の徹底に努めている。

　また，中島社長は質の高い菓子づくりを実現するために，とくに高度な機能を持つ生産設備に大胆な投資を惜しまなかった。それゆえ，長期間にわたって高度な生産設備を積極的に導入しつづけ，競合他社と差別化できる独特の食感や味わいのある菓子づくりを実現することができた。その結果，質の高い有形資産を構築し，競合他社にとって模倣困難性の高い技術の向上が可能になった。それに加えて，同社は，現場の社員の手でより繊細であたたかみのある，きわめて質の高い菓子づくりに取り組むことで，模倣困難性を一層高めている。最新の高度な生産設備と手づくりの融合こそが，同社の質の高い菓子づくりの実現と持続的な競争優位を築く上で大きな原動力となったといえる。この時期を「品質管理体制の革新期」と位置づけることにする。

確固たる自社ブランドづくりの革新期

　中島社長は創業100周年を迎えた2012年から，社名である「中島大祥堂」ブランドを立ち上げ，厳選素材を使った和洋菓子の展開を開始した。また，2015年，同社は食品安全マネジメント・システムに関する国際規格であるFSSC22000を取得する。それと同時に，中島社長は経営トップとして強くしなやかなリーダーシップを発揮することで，同社初のB2Cの商品ブ

ランドを直接提供できる中島大祥堂丹波本店を
オープンすることになる。同社はこれを機に,
これまでほとんど接することのなかった一般顧
客に対して, きわめて質の高い和洋菓子を提供
する場を通して, 直接的なブランド・コミュニ
ケーションを行うようになる。中島社長は, こ
のような自社ブランドの構築・強化に対して注
力するようになった理由を, 近年の菓子業界の
売り場の流動性が激化している点であると強調
している。

図8-1　「ひととえ」のロゴ
（出所）「中島大祥堂」のウェ
ブサイトより。

　「中島大祥堂」は, これまで培ってきた高い品質管理体制や技術力によ
り, OEM や PB のレベルがきわめて高い。[4] とりわけ, 同社は OEM の仕
事における顧客企業に工場監査を行ってもらうことで, 工場の生産性改善
と社員の意識改革につなげている。また, 同社の OEM の営業部隊は, 契
約前からできるだけ顧客企業に工場に訪れてもらい, 同社の雰囲気や工場
設備, 現場で働く社員たちを実際に見てもらうことで, 信頼を得ている。
しかし, 自社ブランドに対する認知度は依然として低い状況が続いていた。
中島社長をはじめ, 同社の経営幹部は, この問題をブランディングの1つ
の課題として位置づけつつ, サブ・ブランドである「DANKE」を残し,
2017年8月には新しいブランドとして, 「Hitotoe」を立ち上げた（図8-1
参照）。「Hitotoe」は, 和菓子でもなく洋菓子でもない, 同社の企業理念を
まっすぐに表現したブランドである。同社の「ブランド・ポートフォリ
オ」[5]は, 自社のコーポレート・ブランドの下で, 先代の経営者が築き上げ
た「NTD中島大祥堂」と「DANKE」に加えて, 自社ブランド理念を象
徴するような新しいサブ・ブランドとして「Hitotoe」がその重要な軸と
なっている（図8-2参照）。2018年1月には, 同社の求心力を高めるために,

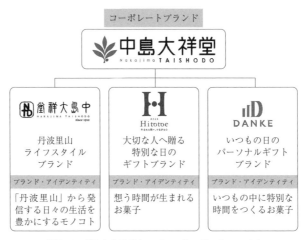

図8-2　「中島大祥堂」のブランド・ポートフォリオ
（出所）「中島大祥堂」のウェブサイトより。

図8-3　「中島大祥堂」のコーポレート・ロゴ
（出所）「中島大祥堂」のウェブサイトより。

コーポレート・ウェブサイトの刷新とともに、コーポレート・ロゴをリニューアルした（図8-3参照）。このような自社ブランド刷新の取り組みは、2016年の市場環境の分析と課題の抽出からスタートし、ブランディング委員会の設置、企業理念の刷新、インターナル・ブランディングセッション実施などを中心に行われている（表8-3参照）。2018年9月には、中島大祥

表8-3　自社ブランド刷新への取り組みスケジュール

2016年6月	現状分析と課題の抽出，ブランディングエージェンシーの検討，ブランディング委員会の設置
2016年9月	ブランディングエージェンシーの決定，エージェンシーによる現状分析
2017年2月	新ブランドのブランド・ネーム，アイデンティティ開発終了
2017年6月	NB2ブランドのVI，コーポレート・ブランドのVI開発終了
2017年8月	企業理念の刷新，新ブランド商品の発売
2017年9月	社内での新ブランド発表
2017年10月	インターナル・ブランディングセッション実施
2018年1月	コーポレート・ウェブサイト刷新

（注）　NB（National Brand），VI（Visual Identity）。
（出所）　「中島大祥堂」の内部資料をもとに筆者作成。

堂高島屋大阪店をオープンし，2019年3月には，フランス菓子の概念を創った伝説のメゾン「ルノートル」の「Lenotre S. A.」とライセンス契約をし，2019年9月には，中島大祥堂大丸心斎橋店をオープンしている。

　近年，「中島大祥堂」は「見えざる資産」の蓄積に加えて，販売チャネルの変更や商品企画・開発による差別化を軸に着実に売上を伸ばし続けている。しかし，中島社長をはじめとするトップ・マネジメントは，同社を取り巻く市場環境の変化を見極めたうえで，以下の3つの危機意識や問題意識を持つようになる。

①現在の事業形態やブランド展開の延長線上では，今後さらなる業績向上を期待することが難しい時期に入っている。
②売上規模の拡大に比べて収益力は停滞しており，確固たるブランドが定められていない。
③場合によっては新ブランドの立ち上げも必要となるが，既存の事業領域においてもブランド力を強化することが先決である。

これらを解決するための同社の取り組みは，

①既存事業領域におけるブランド展開の刷新
②ブランド・ビジョンの再定義およびビジュアル・アイデンティティの更新，トーン＆マナーの設定，各種のコミュニケーション・ツールの制作
③ブランディングによる差別化を可能とするようなブランド・イメージの形成

　同社は，外部のブランディングの専門家の力を借りて，自社ブランドの構築・強化に本格的に注力するようになる。この時期を「確固たる自社ブランドづくりの革新期」と位置づけることにする。
　近年，「中島大祥堂」の事業内容の推移は，菓子専門店（和菓子店中心）へ商品を卸している問屋向けの販売（B2B）から，カタログギフト向けの販売（B2C）へと移行している。専門店では，仕入れた商品を自店の商品として販売したいという意向が強く（販売者表示での販売），サブ・ブランド名の消費者への浸透が難しい状況が続いてきた。カタログギフトでは，サブ・ブランド名のロゴマークが掲載される場合も多くなるが，いわゆる有名ブランドとはカテゴリーや掲載ページも異なっており，ブランドについてコミュニケーションできる内容はきわめて限られたものになっている。

3　「中島大祥堂」の現状分析

　上記の事業の推移を踏まえた，「中島大祥堂」の外部環境と内部環境における現状分析は，以下の通りである。[6]
(1)　市場動向
　ギフト菓子の市場は全体として比較的堅調に推移している。しかしなが

ら，専門店市場は，店舗数が激減しており，商業統計では平成26年と平成14年との比較では「菓子店」の店舗数が半減している。また，カタログギフト市場もこれまで拡大を続けてきたが，近年は伸び悩んでおり，同社のOEMの主要顧客でも売上減に見舞われている企業もあるなど，停滞がみられる。

　一方，百貨店やGMS（総合スーパー）は，長期的に売上の減少傾向が続いているものの，食料品や菓子については，堅調に推移していると思われる。衣料品などが専門店に押されているものの，菓子などではむしろ専門店が存在感を増している。現在注目されている市場やカテゴリーは，東京駅に代表される「ご当地みやげ」や，インバウンド需要に沸く「日本みやげ」の菓子，毎年消費量を伸ばしているバレンタインを中心とした「チョコレート」，機能性表示食品制度の施行で注目される健康志向菓子などが挙げられる。

(2) 競争環境

　専門店市場では，市場の縮小に伴って廃業する競合企業が出るなど，業績不振の企業が多い。その中でも同社は専門店向けの売上はほぼ横ばいで推移しており，競合が衰退する中でシェアを拡大している。しかし，既述の通りブランド訴求は難しい経緯があるため，商品ブランドに頼った事業展開となっている。カタログギフト市場では，同社は有名菓子ブランド（百貨店ブランドなど）とは競合せず，その下位クラスのブランドとの競争になる。各社ブランド力で競争優位が得られないため，商品力（商品開発）や価格訴求での競争になる。同社は価格競争には極力参加せず，商品ブランドで競争しているが，高いシェアを獲得しており，商品力については一定の評価を得ていると考えられる。

(3) 社内のブランディングに関する課題

　これまでの事業環境からNB品のブランディングを志向する考え方が曖

味で，商品開発に頼った市場展開となっている。そのため，ブランド・ビジョンも確立しておらず，社内的にもブランディングに関する共通認識が不足している。事業領域とサブ・ブランドの展開領域の関係が明確化されておらず，ブランド・ポートフォリオのあり方も定まっていない。既存サブ・ブランドの「Danke」「聴松庵三笑」の Visual Identity（以下，VI）と企業理念および商品ブランドとの整合性がとれていない。

(4)　流通に関する課題

現状のＢ２Ｂ２Ｃの事業形態ではブランド・コミュニケーションの手段が限られている。チャネル別にメーカーブランドに対する意識や要求が異なり，統一的なブランディングの展開が難しい。

(5)　消費者に関する課題

上記の問題から消費者においてブランド・イメージが形成されておらず，商品力に頼った事業展開を強いられている。消費者が恒常的に同社ブランドと接する場が少ない。

(6)　企業理念にのっとったブランド・ビジョンの確立（ブランディングの方針）

企業理念にのっとったブランド・ビジョンを再定義し，統一したブランド・コミュニケーションを展開することで，より強いブランド・イメージの構築による競争力の向上を図る。

(7)　VI，トーン＆マナーの改定

既存事業領域では，Ｂ２Ｂ２Ｃの事業形態におけるブランド・コミュニケーションに限界はあるが，その中でもコミュニケーションの質と量を改善するため，サブ・ブランドごとにブランド・ビジョンの策定，VIの改定，トーン＆マナーの設定，コミュニケーション・ツールの整備などを実施し，売上ありきでなく，ブランディングを通した競争力向上を図る。

(8)　インターナル・ブランディングの推進

企業の歴史が長くなればなるほど，自社の理念・価値観が明確でわかり

やすく定めることができるが，複雑な仕組みになっている場合が少なくない。つまり，明確なブランド・ビジョンの方向性が見えなくなる。歴史が長い中小企業の場合も，このような傾向がよく見受けられる。その結果，自社ブランドの心臓部である理念・ビジョン・価値観が，組織内において十分に浸透しない。そこで，これらをまず目に見えるような形で体系化すると同時に，それぞれの部門へ確実に落とし込ませる仕組みを創る必要がある。このような取り組みは，中小企業がインターナル・ブランディングを推し進める際に，組織内における全社員の心の中に理念や価値観をより確実に定着させる。

　また，同社がインターナル・ブランディングを実施するための目的は次の3点である。①ブランドに関する基礎的理解，②同社の新ブランド戦略に関する理解，③自社ブランド価値向上のための参画意識の醸成，である。その目標は，それぞれの部門の社員に，①同社に対する帰属意識を高め，②自社ブランドを理解させ，③自社ブランド価値を向上させるために何をすべきかを考えさせることである。同社は，自社の企業理念・ビジョン・価値観などを簡潔に整理し，明確なブランド・ステートメントを組織内に浸透させることにより，自社ブランドの方向性を定めるために，インターナル・ブランディングが必要になったのである。同社のこのような戦略的かつ組織的な取り組みの究極の目的は，売上ありきでなく，中長期的なビジョンに基づいた自社ブランドの競争力向上を図ることである。

　「中島大祥堂」は外部のブランディングの専門家である能藤の力を借りて，インターナル・ブランディングを行う際に，自社ブランドづくりの全体の根幹となる経営理念を網羅的かつ体系的にまとめた（図8-4参照）。ここではこれを同社の経営理念の体系図として位置づけることにする。

　まず，上位概念である価値観・企業理念・品質目標は，競合他社にとって模倣困難な経営資源であると同時に，自社ブランドの精神的な価値でも

経営理念の関係

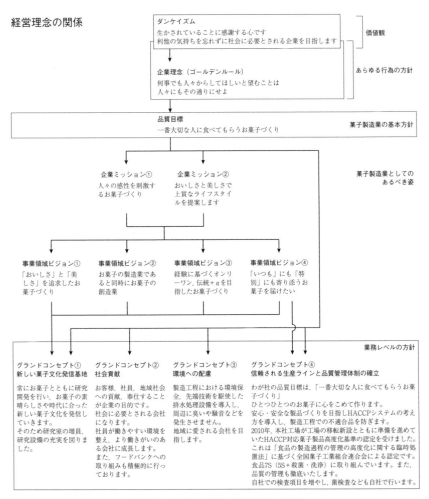

ダンケイズム
生かされていることに感謝する心です
利他の気持ちを忘れずに社会に必要とされる企業を目指します

価値観

企業理念（ゴールデンルール）
何事でも人々からしてほしいと望むことは
人々にもその通りにせよ

あらゆる行為の方針

品質目標
一番大切な人に食べてもらうお菓子づくり

菓子製造業の基本方針

企業ミッション①
人々の感性を刺激す
るお菓子づくり

企業ミッション②
おいしさと美しさで
上質なライフスタイ
ルを提案します

菓子製造業としての
あるべき姿

事業領域ビジョン①
「おいしさ」と「美
しさ」を追求したお
菓子づくり

事業領域ビジョン②
お菓子の製造業であ
ると同時にお菓子の
創造業

事業領域ビジョン③
経験に基づくオンリ
ーワン、伝統+αを目
指したお菓子づくり

事業領域ビジョン④
「いつも」にも「特
別」にも寄り添うお
菓子を届けたい

業務レベルの方針

グランドコンセプト①
新しい菓子文化発信基地

常にお菓子とともに研究
開発を行い、お菓子の素
晴らしさや時代に合った
新しい菓子文化を発信し
ていきます。
そのため研究室の増員、
研究設備の充実を図りま
した。

グランドコンセプト②
社会貢献

お客様、社員、地域社会
への貢献、奉仕すること
が企業の目的です。
社会に必要とされる会社
になります。
社員が働きやすい環境を
整え、より働きがいのあ
る会社に成長します。
また、フードバンクへの
取り組みも積極的に行っ
ております。

グランドコンセプト③
環境への配慮

製造工程における環境保
全、先端技術を駆使した
排水処理設備を導入し、
周辺に臭いや騒音などを
発生させません。
地域に愛される会社を目
指します。

グランドコンセプト④
信頼される生産ラインと品質管理体制の確立

わが社の品質目標は、「一番大切な人に食べてもらうお菓
子づくり」
ひとつひとつのお菓子に心をこめて作ります。
安心・安全な製品づくりを目指しHACCPシステムの考え
方を導入し、製造工程での不適合品を防ぎます。
2010年、本社工場が工場の移転新設とともに準備を進めて
いたHACCP対応菓子製品高度化基準の認定を受けました。
これは「食品の製造過程の管理の高度化に関する臨時処
置法」に基づく全国菓子工業組合連合会による認定です。
食品7S（5S＋殺菌・洗浄）に取り組んでいます。また、
品質の管理も徹底いたします。
自社での検査項目を増やし、菌検査なども自社で行います。

図8-4　「中島大祥堂」の経営理念の関係
（出所）「中島大祥堂」の内部資料より。

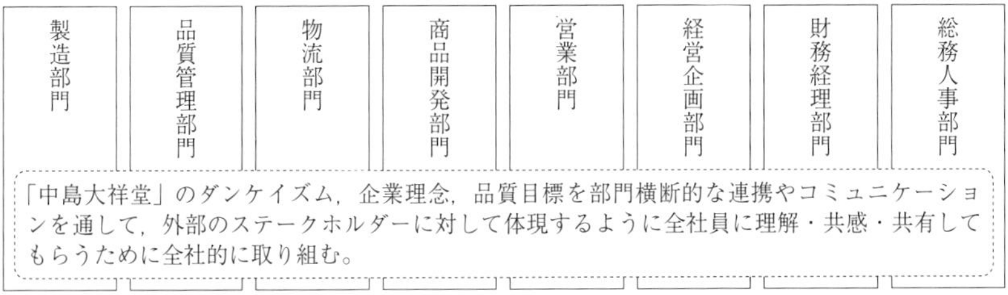

製造部門	品質管理部門	物流部門	商品開発部門	営業部門	経営企画部門	財務経理部門	総務人事部門

「中島大祥堂」のダンケイズム，企業理念，品質目標を部門横断的な連携やコミュニケーションを通して，外部のステークホルダーに対して体現するように全社員に理解・共感・共有してもらうために全社的に取り組む。

図8-5　「中島大祥堂」の全社的・部門横断的な取り組み
(出所)　能藤とのインタビューと「中島大祥堂」の内部資料をもとに筆者作成。

ある。同社はインターナル・ブランディングを通して，自社ブランドの精神的な価値を部門横断的なコミュニケーションを通して，外部のステークホルダーに対して体現するよう全社員に理解・共感・共有してもらうため，全社的に取り組んでいる（図8-5参照）。

　また，自社ブランドの精神的な価値は，業態・業種を問わず普遍性がきわめて高い。とりわけ，ダンケイズムは，同社の企業理念より最上位の概念として位置づけられている。下位概念である企業ミッション・事業領域ビジョン・グランド・コンセプトは，菓子製造業としてあるべき姿を示す同社の菓子づくりにおける行動方針と業務方針である。自社ブランドの価値と評判を向上させるうえで，これらは最も重要な根幹となる。この根幹が崩れると，自社ブランドの価値と評判が下がると同時に，外部のステークホルダーからの信頼が失われてしまう。また，品質目標の下の領域は菓子製造業に特化したものである。

　しかし，「中島大祥堂」の場合は，経営トップやトップ・マネジメントのエクスターナル・ブランディングとインターナル・ブランディングの重要性に対する理解は相対的に高かったが，それらに対する知識やノウハウは持っていなかった。言うまでもなく，現場を含む他の部門の社員は，それらに対する理解は非常に低かった。そのため，同社は，エクスターナ

表8-4　「中島大祥堂」の企業内研修のメンバーリスト

			人　数	チーム
社　長	営業マーケティング本部	営業部	7	A
		商品開発部	3	B
		物流部	2	
	生産本部	大阪本社工場	5	C
		丹波工場	3	D
		生産技術部	2	
		購買部	2	E
		品質管理部	2	
	経営管理本部	財務経理部	2	F
		総務人事部	2	
		経営企画部	0	
	小売事業本部		1	E
	相互製あん		1	F
合　計			32	

(出所)　能藤とのインタビューと「中島大祥堂」の内部資料をもとに筆者作成。

ル・ブランディングとインターナル・ブランディングとは何かについて，全社員が同じように認識・共有してもらえるように企業内研修・講演会を行うようになる。このような組織内の社員が同一の情報を共有するインターナル・ブランディングの取り組みは，組織的コミュニケーションを行う際に基本となる条件であるといえる（原岡・若林 1993）。

　「中島大祥堂」は，能藤の助言をもとに，企業内研修・講演会を実施するに当たって，各部門から次世代のリーダーになりうる少人数の若手社員を中心メンバーとして選抜した（表8-4参照）。1回目は，上記のインターナル・ブランディング実施の目的・目標について，ブランディングの専門家の講義とファシリテーションのもと，各部署選抜メンバーによるグループディスカッションを行い，出席者全員の気づきとした。その後，それを

職場に持ち帰り，チームディスカッションを踏まえて社内全体のブランド
意識向上を実現し，業績貢献につなげるとともに，チームとしてのブラン
ド向上のためのアクションプランを策定し，それぞれのコミットメントと
した。

　2回目は，チームごとの発表から，自分たちの部署が直接顧客と接する
ことがなく，一見ブランドに関係なさそうに見えても，ブランド価値を上
げることに貢献でき，それが重要であるという認識が進んだ。このような
取り組みを通して，自社ブランドのあり方や重要性について考え直すこと
で，社員の帰属意識を高めてもらえる良いきっかけを与えた。また，これ
は，エクスターナル・ブランディングの目的と自社ブランドの理念・ビジ
ョンの組織内の浸透を達成させるために，社内でどのような人材が必要と
されるのかを熟考するための良い機会にもなったと考えられる。さらに，
できるだけ同じ部門の社員同士を同じチームにすることで，研修で学んだ
ことや気づいたことを同じ部門の社員に共有させ，日常業務に活かせるよ
うにした。

　ここで特筆すべき点は，「中島大祥堂」の戦略的かつ組織的なインター
ナル・ブランディングの取り組みである。同社は部門間のコミュニケーシ
ョンを通して，組織内において自社ブランドの理念とビジョンを確実に浸
透させる場を創るようになった。(7) 同時に，創発的な学びの「場のマネジメ
ント」を通して，外部のステークホルダーに対して体現することで，競合
他社が容易に真似できない組織的知識を創造する重要な基盤を創るように
もなった。このような取り組みを通して得られた同社の成果は次の2点で
ある。

①部門間の垣根を超え，組織内の社員による独創的な情報，すなわち自社
　のダンケイズムや企業理念といったブランド・メッセージを創造・伝達

する意味を見つけ出すことができるようになった点

②自社ブランド価値を高めるために組織の創造性と自発性を促すと同時に，創造的なコミュニケーション活動を推奨することで，「ブランド創発型企業」（徐・李 2016, 2018, 2019a, 2019b）としての成長エンジンを生み出すことができるようになった点

4　事例考察の成果

　本章では，中小企業のエクスターナル・ブランディングやインターナル・ブランディングの実行における阻害要因の解決策として，「中島大祥堂」の戦略的かつ組織的な取り組み事例を考察した。そこで明らかになったのは，以下の2つの成果である。

　図 8 - 6 は本章の事例考察の第 1 の成果として，「中島大祥堂」の創業期から今日に至るまでの企業競争力の発展プロセスを 5 つに分類したものである。「中島大祥堂」の創業期は戦時中という，市場環境の不確実性がきわめて高い時代であり，創業者が有する強靭な企業家精神は，同社のすべての経営活動を行う際に最も大きな原動力となった。グローバルに通用する強いブランドを持つ企業の原点である中小企業の創業者らのほとんどの共通点として，強靭な企業家精神があった。その「革新の遺伝子」を受け継ぎ先見性を持っていた中島会長は，ドイツとヨーロッパへの留学経験を通して，先進的な洋菓子づくりを積極的に学び取った。その後，彼は日本の近代化の変化を見極めつつ，自社ブランドの重要性についていち早く気づき，当時の流通におけるさまざまな制約条件を克服するために，同社の高い技術力を活かし高級路線に転換するという流通改革を引き起こした。

　中島会長からの「革新の遺伝子」を受け継いだ中島社長は，自社ブランドの価値や信頼を一層高めるために，製造拠点の品質管理体制の強化や自

激動期の強靭な
企業家精神の形
成期

1912年～
1955年

1963年～1987年

強靭な企業家精神・
流通の革新期と自社
ブランドづくりの形
成期

品質管理体制
の形成期

1970年～
2004年

2010年～

品質管理体制
の革新期

確固たる自社ブ
ランドづくりの
革新期

2012年～

図 8 - 6　「中島大祥堂」の発展プロセス
（出所）　筆者作成。

　社独自の高度な生産設備を積極的に導入した。その結果，同社は，競合他
社にとって模倣困難性の高い技術力を獲得することができた。
　さらに，中島社長は，同社の確固たる自社ブランドの価値とポジショニ
ングを確立するために，同社の表層的なブランド競争力と深層的なブラン
ド競争力の両立に注力し始めている。前者には，顧客とのブランド・コン
タクトポイントへの強化，新ブランドの立ち上げ，コーポレート・ロゴの
リニューアルなどが挙げられる。この取り組みは，同社の自社ブランドの
認知度と価値の向上と確固たるポジショニングの確保において大きな原動
力となった。後者には組織全体で取り組むエクスターナル・ブランディン
グやインターナル・ブランディングに関する知識を組織内で共有すること
などが挙げられる。この取り組みは，同社のブランド創発型企業の構築・
強化を促す際に大きな成長エンジンとなった。このような両者の戦略的か
つ組織的な取り組みこそが，同社の自社ブランドの価値の向上と確固たる
ポジショニングを確立するための，企業の内部と外部の統合された，一連
のマネジメントやコミュニケーション戦略の策定に関わる諸活動であるホ
リスティック・ブランディングのあり方なのである。
　第 2 の成果として明らかになったことは，中島社長は Barney の言う
「経営者は，自社固有能力の源泉の 1 つである」（Barney 2002）を体現して
いるということである。中島社長は強くしなやかなリーダーシップを発揮

することで，自社を取り巻く市場環境の変化に対して，客観的な分析を行うと同時に，自社の強みと弱みを理解し，事業価値を最大化する戦略に関する意思決定を最終的に行っているからである。また，中島社長による戦略策定行動を積極的に支援するトップ・マネジメントの体制も，同社のエクスターナル・ブランディングやインターナル・ブランディングを推し進めるに当たって，重要な原動力となったといえる。

注

(1) 「中島大祥堂」は2021年11月，社員304名で，そのうち140名が正社員となっている。

(2) 中島社長によれば，「1801年に初代中島治郎兵衛が京都で干菓子の製造を始めていたが，6代目の中島治郎兵衛（弘喜）が土地の投機に失敗して尾張屋を潰してしまい，心機一転，1912年に大阪で立ち上げたのが中島大祥堂である」という。

(3) ここでいうHACCP（Hazard Analysis and Critical Control Point）とは，「食品等事業者自らが食中毒菌汚染や異物混入などの危害要因を把握したうえで，原材料の入荷から製品の出荷に至る全工程の中で，それらの危害要因を除去または低減させるために特に重要な工程を管理し，製品の安全性を確保しようする衛生管理の手法」を指す。厚生労働省のウェブサイトより。

(4) 「中島大祥堂」は，百貨店で展開しているような高級菓子ブランドのOEMも行っている。

(5) ここでいう「ブランド・ポートフォリオ」とは，企業等が所有する複数のブランドを各々の特徴によって体系化する際のブランドの集合体であると同時に，企業の経営資源をどのようなブランドに投入すべきかを判断する意思決定の枠組みでもある。また，「ブランド・ポートフォリオ」には，マスター・ブランド，エンドーサー，サブ・ブランド，ブランド差別化要素，共同ブランド，ブランド活性化要素，コーポレート・ブランドなど，現在活用されていないものも含め，組織によってマネジメントされるすべてのブランドが含まれている。Aaker（2004＝2005：18）。

(6) 「中島大祥堂」の外部環境と内部環境における現状分析に関する資料は，同社の許可を得たうえで，同社のエクスターナル・ブランディングやインターナル・ブランディングの推進に直接関わっていた能藤から提供されたものである。

(7) 「中島大祥堂」は，エクスターナル・ブランディングやインターナル・ブランデ

ィングに関する企業研修やワークショップをはじめ，臨機応変に行う部署をまたいだ会議やミーティング，社内勉強会などといった場を有効に活用している。

第❾章
CEOブランドが与える影響と
本多プラスにおける事例

1　CEOブランドの役割

　「魚は頭から腐る」。この言葉を，企業に置き換えて考えると，「組織も頭から腐る」といえる。このような現象は，まず，最高経営責任者である経営トップが組織内に自社独自のブランド理念[1]とブランド・ビジョン[2]を明確に示さないことから始まる。これらは，不確実な市場環境下における組織の最も重要な意思決定の基準と全社員の行動方針となるからである。また，この現象は，経営トップが自社を取り巻く状況を正しく把握できず，現状で満足してしまうことでも生じる。それによって，組織力は低下し，組織全体の危機意識と成長への貢献意欲も次第に低下する。その結果，組織が老化し，組織全体が硬直化してしまう。このような状態では，経営トップは組織共通の目標を達成するために社員に正しい方向を示すことと，モチベーションを高めるリーダーシップを十分に発揮できない。さらに，この現象は，経営トップと社員間のコミュニケーションが断絶されることからも生じる。経営トップ自らが，自社の目指すべきブランド理念とブランド・ビジョンの持つ意味を，さまざまな場で社員へ積極的に伝え，それらを外部のステークホルダーに体現できるよう意見や情報を交換・共有できる場を設けることが必要不可欠である。自社ブランド価値の向上と確固

たるポジショニングの確保には，経営トップと社員の円滑なコミュニケーションが不可欠なのである。

「組織は頭から腐る」という現象を未然に防ぐためには，中小企業のときから，経営トップとして変革型リーダーシップの発揮とコミュニケーション能力の向上が必要不可欠である。そのため，経営トップは，まず，企業全体のコア知識として，確固たる自社独自のブランド理念とブランド・ビジョンを，組織内において明確かつわかりやすく伝えなければならない。そのために，経営トップは，コア知識を確実に浸透させるため，全社員がそこから強い刺激と共感を得るとともに成長への貢献意欲を高められるよう働きかけるべきである。それが実現されると，企業は，自社ブランド価値を高める際に，重要な意思決定と正しい行動をとることが可能になる。

次に，経営トップには，市場の環境変化を俯瞰的に捉えると同時に，その本質を見極める力も必要である。これにより，企業は，自社の現状を正しく把握するとともに，組織全体の危機意識をよりいっそう高めることが可能になる。時代の変化に柔軟かつ迅速に対応できるようになり，企業の組織力の基盤が構築されるのである。さらに，経営トップは，自社独自のブランド理念とブランド・ビジョンに沿って，各部門が共通の目的と目標を達成できるよう，常に社員の自発性と創造性を促すと同時に，外部のステークホルダーに徹底的に体現できるよう奨励しなければならない。その結果，自社独自のブランド理念，ブランド・ビジョンの徹底的な体現，自社ブランド価値の向上と確固たるポジショニングの確保を可能にする組織力を企業は，高めることができる。最終的に，競合他社に対するコーポレート・ブランドの差別的優位性を生み出すと同時に，組織内外の主要なステークホルダーにさまざまな影響を与えることができる。これにより，経営トップは一種のパーソナル・ブランド，すなわち，CEO ブランドとしての役割を果たすことができるようになるのである。

　本章では，上記の問題意識を踏まえ，徐（2010a）が提唱した，経営トップが有する卓越したリーダーシップの発揮とコミュニケーション能力により形成される CEO ブランドがもたらす戦略的競争優位性について考察する。また本章では，本多プラス株式会社（以下，「本多プラス」と表記）と Apple の事例を考察することにより，CEO ブランドがイノベーションと戦略的インターナル・ブランディング[(4)]に与える影響についてその戦略的競争優位性を明示する。

2　CEO ブランドの先行事例

ジョブズの CEO ブランドがもたらした戦略的競争優位性

　代表的な CEO ブランドとして，Apple の共同創業者であるスティーブ・ジョブズ（以下，ジョブズと表記）が挙げられる。ジョブズは，類まれなリーダーシップとコミュニケーション能力を発揮することで，Apple の企業変革や製品・サービス革新を実現させた。まず，彼は，自社独自のブランド理念とブランド・ビジョンの原点である「Think Different」から，全社員が強く共感し，それらを自主的かつ創造的に学び，考え，具現化し，全社的に「需要探索型イノベーション」の実現に取り組めるような組織文化の変革を強力に推し進めた。それにより，同社は，競合他社と異なる独創的な発想を中心に，革新的な製品・サービスを提供し続けることができた。とりわけ，ジョブズは，革新的な製品・サービスのアイデアやデザイン開発から深く関わり，iPod，iPhone，iPad をつくる社員の創造性を最大限に発揮できるよう彼らのモチベーションの向上に注力した。

　また，ジョブズは，自社独自の製品・サービスの価値を潜在的な顧客に効果的に伝えるため，独創的な広告づくりにも深く関わるなど，強力なリーダーシップを発揮し，Apple の成長・発展に重要な顧客の創造・維持・

拡大を可能にした。さらに，彼は，急速な社会的・経済的な変化が顧客の潜在的ニーズや欲求にどのような意味や変化をもたらすかについて，常に見極めるように努めた。とりわけ，彼は，需要と供給の両サイドの知識を最大限に活用し，革新的なビジネス・モデルやプラットフォームを構築することで，画期的な製品・サービスを創出し，顧客との深い絆やつながりを築き上げることができた。このようにして，ジョブズは常に，多くの顧客に驚きと感動を与えると同時に，日常生活に新しい変化を生み出すために，新たな技術・知識を創出する「需要探索型イノベーション」に強くこだわっていたといえる。

それに加えて，常に市場機会を摑み取るため，革新的な製品・サービスへの厳しい基準を設定することや，自社独自のブランド理念とブランド・ビジョンを確実に浸透させるための徹底した社員教育と啓蒙活動を行うこと，そして斬新なマーケティングと強力なブランドづくりを実現させるために努力を惜しまなかった。その結果，同社は急成長を成し遂げ，世界で最もグローバル・ブランド価値が高い企業となった。それと同時に，ジョブズは，最も信頼できるイノベーターとしてのCEOブランドの価値と評判をよりいっそう高めたのである。ジョブズは，Appleを取り巻く経営環境の変化を的確に見極め，それに対処できる企業戦略の中枢的役割とダイナミックな企業の成長エンジンとしての役割を果たしたといえる。これこそが，CEOブランドがもたらす戦略的競争優位性である。

ジョブズのCEOブランドが革新的な製品づくりに与えた能力

変化を市場機会として活用できる能力　Koehn（2001）が取り上げている企業家たち，たとえば，Starbucksのハワード・シュルツ，Dellのマイケル・デルなどのような，本章でいうCEOブランドともいえる経営者とジョブズはいくつかの共通点を持っている。最も重要な点は，急速

な社会的・経済的な変化が消費者のニーズとウォンツに与える影響を理解し，それらの期待価値を実現していることである。すなわち，競合他社や顧客も気付いていない潜在的ニーズを認知できる先見性と，それらを実現させる創意性と実行力を兼ね備えているということである。それゆえ，彼らは需要サイドの変化を重要なビジネス・チャンスとして捉え，その潜在的ニーズを満たす革新的な製品・サービスを生み出し，企業成長を果たすことができた。したがって，企業成長は，自然発生的な成長観ではなく，経営トップが有する社会的・経済的な変化（需要サイドの変化）を機会に変えられる能力，すなわち，市場の潜在的ニーズを知覚し創造できる先見性・創意性・実行力があって成り立つのである。

「イノベーションと企業家精神」を体系として，また実践として捉えているDrucker（1985）の視点から見ると，企業家精神は，何か新しい異質のものを創造するイノベーションを促すと考えられる[5]。企業家精神を有する経営トップは，変化を恐れず，業界に大変革をもたらすイノベーションの機会を見つけ出し，それを成功させることによって，価値を生み出し，社会に大いに貢献することができるのである。つまり，ジョブズが引き起こした革新的な製品・サービスには，彼の意識的かつ組織的な変化への探究と，経済的・社会的なイノベーションの機会に対する体系的な分析があったといえる。

美的感覚を備えた意思決定力　ジョブズは，Appleの経営戦略の全般に関わる意思決定はもとより，製品開発とデザイン，パッケージ・ボックスなどにも同じようなエネルギーを注ぎ，深く関与した[6]。また，箱から製品を取り出すという行為を顧客体験の重要な一角を占めると考えていたため，Macworld Expoでの基調講演であらゆるApple製品を紹介する際のおきまりの「開梱の儀式」を演出した。さらに，ジョブズは，製品パッケージに限らず，顧客体験のありとあらゆる側面をコントロールしよう

　と試みた。このような彼のモノづくりへの卓越した価値提供と細部への目配り（事細かな要求），完璧主義に基づいた妥協なき意思決定は，同社独自の製品開発手法，パッケージングへ結びつき，Apple の革新的な製品ブランドの創出の原動力となった。

　さらに，ジョブズのモノづくりに対する意思決定は，他の企業の CEO と異なり，顧客の時間的なコストをいかに減らすかを決めることであった。また，彼は，技術のための技術などに興味を示せず，製品をできるだけシンプルかつ使いやすくすることに重点を置き，顧客の立場から製品設計を行った。Apple のデザイン・プロセスにおいて最も重要な要素は，余計な機能を削ってシンプルにすることであった。その結果，製品のユーザビリティ（使いやすさ）が高まり，顧客の潜在的ニーズを満たすことができた。このような Apple 製品のシンプルなデザインの裏側には，およそシンプルとは言い難い，面倒で時間のかかる議論の積み重ねがあり，それが創造的思考を促すことにつながったのである。このような取り組みこそ，戦略的インターナル・ブランディングにおいて必要不可欠な創発的な学びの場のマネジメントであったといえる。

「顧客を超えた顧客」に基づいた「プロダクト・ピッカー」能力

　顧客の声に耳を傾けることは，現状把握や顕在的ニーズを知ることには有効であっても，顧客が表現しきれない潜在的ニーズやウォンツは分からない。それゆえ，既存顧客よりも半歩先を行く斬新で優れた製品コンセプトを見つけるためには，従来のマーケティング・リサーチの枠組みを超えた新しい仕掛けが必要である。既存顧客が現時点で認識できない潜在的価値を探り出し，それを提供することによって初めて顧客の心の中に今まで味わったことのない感動と共感，経験価値を生み出すことができる[7]。それゆえ，ジョブズは，顧客の視点から本質的な問題の解決方法と過去の経験から蓄積した顧客体験を重視しつつ，自身が有する洞察力と先見性を活かすことで，

顧客の潜在的ニーズを満たす革新的な製品づくりに大いに貢献したといえる。すなわち，ジョブズは「顧客を超えた顧客[8]」の考え方に基づき，革新的な製品づくりに大いに貢献できた CEO ブランドとしての確固たるポジショニングを確保することができたのである。

「顧客を超えた顧客」の考え方とは，自社のマーケティング部署が絞り込んだ顧客のニーズと経験を重要視しつつ，社員または経営者自らが目利きとなり，顧客の期待価値をはるかに上回る製品・サービスを創造し提供し続けることによって，顧客が今まで味わったことのない満足感と価値経験を実現させる考え方である[9]。Apple の革新的な製品・サービスを創造する競争力の柱には，企業側の立場から顧客を重視するというだけの顧客主義ではなく，顧客を超えて自分自身が一番の顧客になり，顧客を驚かせ感動を与え続けたジョブズの創造的思考能力があったといえる。それゆえ，米国のシリコン・バレーでは，このような能力を備えるジョブズに対して最高の「プロダクト・ピッカー[10]」と呼んでいる。

新興企業が成功するためには，どのような製品を開発すべきかを見抜く能力と数々のアイデアの中から重要な製品を見極める能力が備わった人材が必要とされる。それは，CEO や経営幹部とは限らないが，Apple の場合には，そのような卓越した能力を経営トップが有していたため，より大きな権限を伴って革新的な製品づくりに挑める強い組織となった。実際，ジョブズが，CEO の権限と発言力を最大限に活用し，最高の「プロダクト・ピッカー」の役割を果たし，Apple の高業績に大いに貢献したことは言うまでもない。

3　日本における CEO ブランドがもたらした戦略的競争優位性

「本多プラス[11]」は，創業76年（2022年現在）を迎えており，自社独自のブ

ロー成形技術[12]をコアに化粧品容器をはじめ，工具ケース，パッケージ類のようなプラスチック製の小型容器のデザイン・企画・開発を行っている。同社はそれらを超多品種少量で製造・販売することで，自社商品の希少価値を高めるクリエーター型企業として成長し続けている。同社は，模倣困難性がきわめて高いコア技術力とデザイン力をバランスよく組み合わせて，Ｂ２ＢとＢ２Ｃ顧客に提供し続ける小型容器づくりのパイオニアとして確固たるポジショニングを確保しているといえる。

　本多教充社長（以下，本多社長と表記）は，いち早く自社ブランドの重要性に対する認識を持って，自身の豊かな感性を最大限に活かすことで，デザイン力をよりいっそう高められるように，変革型リーダーシップを発揮している。それにより，小型容器をつくる際に，営業担当者やデザイナーのみならず，工場で働く現場の社員も，自社独自のブランド理念とブランド・ビジョンが持つ意味を創造的に学び考えると同時に，外部のステークホルダーに自発的に体現できるようになった。たとえば，サンプル一つにもデザイナー自ら創意工夫を重ね，試作専用工場の「ブローラボ」で納得いくまで修正し「本気のサンプル容器」とＢ２ＢやＢ２Ｃの顧客に「サプライズ」営業を行うことにより，同社のブランド・ビジョンや世界観を伝えている。その結果，「本多プラス」は，戦略的インターナル・ブランディングに近い一連のプロセスを通して，「ブランド創発型企業」づくりの基盤ができたと考えられる。しかし，同社には，戦略的インターナル・ブランディングを意識したプロジェクト・チームは存在しない。その代わり，同社の場合は，上述したように，経営トップの自社ブランドやブランディングの重要性に対する認識がきわめて高い。

　また，同社は，本多克弘会長（以下，本多会長と表記）による７つの経営哲学と７つの実践，戦略的ビジョンを明確に示し，社内で周知徹底を図っている（表9-1参照）。とりわけ，同社は，ブロー成形技術という自社のコ

表9-1　7つの経営哲学と7つの実践，戦略的ビジョン

本多会長による 7つの経営哲学	①「他人のやらないことをやる」（経営理念） ②「『一寸法師の針』を磨く」 ③「会社は放っておけばつぶれるようにできている」 ④「台風でも倒れない『タコノキ』経営を実現する」 ⑤「販売なくして事業なし」 ⑥「自分で考え，自分でつくり，自分で売る」 ⑦「給料は社長ではなく，お客様からいただくもの」
本多社長による 7つの実践	①「提案の数，スピードを高める」 ②「自分たちで作ったものを一番よい状態で魅せる」 ③「B2CのつもりでB2Bをやる」 ④「企業の担当者にも『欲しい』と思わせる」 ⑤「工場で働く現場社員も大切な営業スタッフ」 ⑥「肝心なのは驚きを与える営業」 ⑦「魅せ方で顧客の反応は，10倍変わる」
本多社長による 戦略的ビジョン	「ブロー成形技術力を強化し世の中に付加価値の高い，新しい『形』を提供する」

（出所）　徐（2016：60）をもとに筆者作成。

ア・コンピタンスを中心に，長年にわたり培ってきた高い技術力とノウハウ，革新的なデザイン力を最大限に活かすことで，外部のステークホルダーに対し，自社のブランド理念とブランド・ビジョンを体現しているといえる。すなわち，B2BとB2Cの顧客に常に驚きと感動を生み出せるような小型容器や小物部品などを新しい価値として提供し続けることで，自社ブランドの存在価値をいっそう向上させているのである。

「本多プラス」は，上記の全社的な取り組みを行うことで，法人化して以来，第2期目を除いて黒字経営を続けており，連続26期増収を果たした。同社は，リーマンショック直後の2期はわずかに売上が落ち込んだものの，2011年6月期には大幅増収を果たし，2021年6月期の売上高は55億円と，持続的成長を実現している。このような持続的成長を果たすための同社の最も大きな原動力は，本多社長の強力なリーダーシップである。彼は，経営トップとして自社ブランドとブランディングの重要性に対して明確に理

解・認識し，その実行にも深く関与し，積極的に支援している。また，全社員が自社の経営理念と戦略的ビジョンに強く共感し，外部のステークホルダーに徹底的に体現できるよう創発的な場を通して，積極的にコミュニケーションを図っている。すなわち，彼が卓越したリーダーシップとコミュニケーション能力を発揮し，自社のものづくり競争力と市場づくり競争力をバランスよく活用することで，自社独自のブランド理念とブランド・ビジョンの徹底的な体現を促している。(13)

　「本多プラス」の戦略的かつ組織的な取り組みは，同社の経営理念と戦略的ビジョンの徹底的な実践を可能にした。それを後押ししたのが，本多社長自らが自社の経営理念と戦略的ビジョンを率先して行動に移したことである。それにより，次第に社員一人ひとりがその意味に納得するようになった。その結果，多くの社員が積極的かつ創造的な役割を果たし，自社の経営理念を体現し続け，自社ブランド価値の向上と確固たるポジショニングの確保を可能にした。これにより，同社の経営理念と戦略的ビジョンは，自社のあらゆる経営活動の中核的な価値観（コア・バリュー）であると同時に，本書で強調するブランド理念とブランド・ビジョンに通じるものとなった。すなわち，全社員の経営理念と戦略的ビジョンに対する強い共感・共有とその徹底的な実践・体現こそが，同社ならではのブランド理念とブランド・ビジョンを生み出す大きな推進力となったといえる。

　「本多プラス」のような中小企業の全社員が，自社の経営理念と戦略的ビジョンに共感するとともに，創造的な思考を中心に，それを外部のステークホルダーに対し徹底的に体現することは，きわめて重要な意味を持つ。大企業の場合は，社員と部門数が多いため，経営理念と戦略的ビジョンが全社員に伝わりにくい。一方，中小企業の場合は，全社員が経営理念と戦略的ビジョンを明確に共有・実践できるように働きかけやすいと考えられる。それゆえ，中小企業は，経営トップをはじめとする全社員がブラン

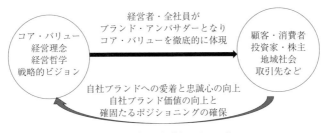

図9-1 中核的な価値観の実践・体現
(出所) 徐 (2016：55) をもとに筆者作成。

ド・アンバサダー[14]として，戦略的インターナル・ブランディングに取り組まなければならない。それによって，ブランド弱者である中小企業でも，自社ブランド価値の向上と確固たるポジショニングが可能になる。中小企業にとって，中核的な価値観である経営理念と戦略的ビジョンを組織全体にわたって徹底的に浸透させることは，コーポレート・ブランド価値を高める際に，きわめて重要な役割を果たすことになる（図9-1参照）。

「本多プラス」は，全社員が経営理念を徹底的に共有し，経営哲学も徹底的に実践する理念重視型企業でもある。同社は，部門横断的な連携やコミュニケーション活動を行っており，とりわけ，営業担当者とデザイナーたちが，全社的な取り組みを推進していくプロセスをもつ「ブランド創発型企業」であるといえる。その一環として，本多プラスでは，「製造本部会議」と「生産改善ミーティング」を通して，部門をまたいで生産，品質，開発，営業，デザインに関わる社員の方々がZoomで定期的に集まり，モノを売るためではなく，社内における生産現場のムダやロスを減らすための改善策を模索している。とりわけ，営業担当者やデザイナーの提案により，現場の社員の業務は改善され，生産性の向上にもつながった。また，工場で働く社員は，日常業務で多くの顧客と接する営業担当者やデザイナーとの意見交換や情報交換を行うことで，本多プラスが追い求めるブランド理念やブランド・ビジョンに少しずつ共感するようになってきた。本多

プラスは，このような取り組みを通して，組織の中核的な価値観の共有だ
けではなく，自社の財務体制や品質の安全性もさらに高めることができた。
その原動力となるのが，DX と同じ仕組みである DS（Digital System＝デジ
タル推進）部を社内に設置したことである。これにより，デザイン営業の
社内での浸透を促すと同時に，財務業務の改革も実現させることができた。
このような戦略的かつ組織的な取り組みこそが，高付加価値を生み出し，
持続的な競争優位性を確保できる最も大きな原動力の１つなのである。同
社のブランドの根底には，経営トップの揺るぎない経営理念や経営哲学が
貫かれているといえる。

　このほかに「本多プラス」の成長の大きな原動力の１つとして挙げられ
るのが，2006年に本多社長が構想した戦略である。それは「プラスチック
小物ブロー成形は，化粧品ボトルに代表されるようにきわめて高度にデザ
イン化し，多品種少量化する。その際，デザインする力とそれを金型から
製造する能力，そして小ロット製品の短期化が勝負となる。ここに人材投
資をして内製化し，高付加価値路線で徹底して差別化を図っていく」とい
うものである。そう舵を切った彼がまず取り組んだのは，強い組織づくり
である。たとえば，①従来東京営業所として設置していた事務所を，2006
年からデザイン機能を持つ「東京クリエイティブオフィス」に変更した点，
②精密機械部の位置づけであった旧本社工場を2007年に「ブローラボ」へ
と組織替え，ここを拠点に従来一部行っていた金型製造の本格化，新製品
の開発・試作，製造用機械の自社生産の強化を始めた点が挙げられる。

　このような強い組織づくりに取り組む前に，本多社長は自らが先頭に立
って，優れた人材確保を目的とし，デザイナー職を含め，2004年から全国
を対象にした新卒採用に踏み切った。こうして彼の強いリーダーシップに
より育成された優れたデザイナー集団は，コア・コンピタンスとなった。

　また，「本多プラス」が求める人材像は，①経営理念への共感，②成長

と成功への共感，③チームワークに共感できる人材に絞り込んでいる。同社の成長戦略を実現させるためには，この前提条件がきわめて重要なのである。ものをつくるときにも，ものを売るときにも，ものの良さを伝えるときにも，経営理念に対する明確な理解と強い共感，それをもとに常に成長・発展を目指すことで，チームワークを高めることができるからである。上記の「東京クリエイティブオフィス」のデザイナー集団は，これらの前提条件を満たすと同時に，「ブランド創発型企業」づくりを促す最も大きな推進力として同社の競争力向上にも大きく寄与している。

　「本多プラス」の営業活動には，競合他社と異なる次のような 4 つのこだわりがある。

①経営トップ自らが率先して営業に回ることで，顧客の生の声から課題とトラブルの予兆を見つけ出し，それらをいち早く解決することでビジネス・チャンスにつなげることができること
②週 1 回は，営業担当者の提案内容と進捗状況を確認することで，常に改善点を見つけ出し営業力を高めることができること
③顧客に言われたことだけを回答するのではなく，自社の強みをきちんと話せたかをチェックすることで，常に改善点を見つけ出しプレゼンテーション力を高めることができること
④客先の風土に合わせて社員のコンビと服装を変えるといった柔軟な対応ができること

　これらの一連のプロモーションと売り方にも，本多社長の戦略的意図が窺える。
　「本多プラス」のコーポレート・ブランド力と CEO ブランド力を大きく高められる転換期を迎えたのは，日経スペシャル「カンブリア宮殿——

村上龍の経済トークライブ」へ単独出演した時である。「売る力を磨け！
──製造業を強くするのは営業する力だ」と題し「売るデザイナー」とい
う同社独自の提案型営業スタイルを取り上げた2011年９月以降からだと考
えられる。これをきっかけに，日本全国において同社のコーポレート・ブ
ランドとCEOブランドの認知度や評判を高めることができた。その後，
NHK総合「金とく　ものづくり探訪　わが社の売りは“世界初”」にも出
演し，「本多プラス」が世界で初めて開発した「PEN樹脂ボトル」の情報
を発信することで，自社の優れた技術力をアピールした。

　また，2005年から本多社長は，「NIKKEI DESIGN（日経デザイン）」とい
う「月刊デザイン戦略情報誌」に，同社の新製品の情報，デザインの重要
性，デザイン戦略，新素材の開発などについて紹介している。経営トップ
自らが，積極的にメディアに出演し，自社の強み，コア技術力，優れた企
画力・デザイン力，素材力，自社独自の経営理念と戦略的ビジョンによる
徹底的な体現などを語ることで，外部のステークホルダーから大きな共感
を得ると同時に，CEOブランドとしての認知度・知名度を高める基盤を
つくるようになった。それと同時に，同社の強みや成長戦略について，経
営トップ自らが表現した言葉の意味から，全社員が強い刺激と共感を得る
と同時に，彼らの創造性を活かすことで，それを具体的な形として実現す
るように全社的に取り組むことができるようになった。すなわち，全社員
が，自社の目指すべき経営理念と戦略的ビジョン，競合他社に模倣が困難
なコア・コンピタンス（デザイン力×価値提案力，素材力）を外部のステーク
ホルダーにいかに体現するかについて，改めて深く考え行動できるように
なったのである。これらのあらゆる経営活動の中核的な価値観と方向性を
示してくれたのが先述の，同社の成長の大きな原動力となる７つの経営哲
学と７つの実践，戦略的ビジョン，すなわち本書でいうブランド理念とブ
ランド・ビジョンである。

　本多会長による7つの経営哲学と本多社長による7つの実践と戦略的ビジョンは，全社員の仕事に対するモチベーションや方向性に次のような影響を与えている。

①ブランド理念の体現による差別化の実現
②コア技術であるブロー成形技術力の向上
③経営トップのリーダーシップを通して社内における経営理念の徹底した浸透による強い企業づくりの実現
④さまざまな業種の顧客を増やすための営業力，企画提案力，デザイン力，全社的なマーケティング力やブランディング力の向上
⑤社員が「自分で考え，自分でつくり，自分で売る」ための組織力の向上
⑥コア・コンピタンスである「売れる仕組み」を生み出すためのデザイナー集団の組織化による商品化から納品までの期間の短縮化
⑦ユニークな小型容器の品質と優れたデザイン力による顧客の購買意欲の促進
⑧主要なB2B顧客だけではなく，一般顧客向けのマーケティングやブランディング活動による自社ブランドの認知度・知名度の向上
⑨小型容器を使うメーカーの担当者に「欲しい」と思わせるサプライズ営業力の向上
⑩部門横断的な連携を通した全社員による営業活動の活性化

　したがって，「本多プラス」は，7つの経営哲学と7つの実践，戦略的ビジョンを全社員の行動方針と意思決定の基準として，戦略的に活用することで，同社を良い方向に導くことができた。それに加えて，同社は，ものをつくるときにも，ものを売るときにも，ものの良さを伝えるときにも，営業担当者とデザイナーたちが自社独自の経営理念と戦略的ビジョンが持

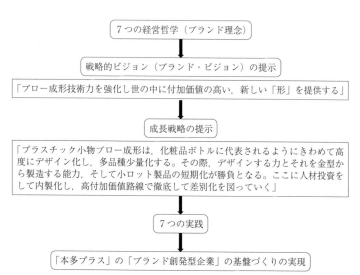

図9-2　中核的な価値観の体現における実行プロセス
（出所）　徐（2016：64）をもとに筆者修正。

つ意味から強い刺激を得て，創造的な発想やアイデアを通して，それらを
外部のステークホルダーに徹底的に体現することができるようになった。
その結果，同社の自社ブランドの価値向上と市場における確固たるポジシ
ョニングの確保を可能にすると共に，同社を「ブランド創発型企業」へと
漸進させたのである（図9-2参照）。その中心には，本多社長の経営トップ
としての強いリーダーシップ，すなわち自社ブランドやブランディングの
重要性に対する経営トップとしての明確な理解・認識と深い関与，強力な
支援があった。とりわけ，同社ならではのコア・コンピタンスである「ブ
ロー成型技術力」と素材開発力によるマテリアル・イノベーションとデザ
イン・イノベーションは，同社の経営理念と戦略的ビジョンの徹底的な体
現の最も大きな推進力となったのである。

　近年，本多プラスは，自社ブランドの価値をよりいっそう高め，その世
界観を確立するために，自社のコア・コンピタンスを活かし，プラスチッ

クを取り巻く環境問題に取り組み始めている。そのブランド戦略の一環と
して，「捨てたくない」「集めたい」「使い続けたい」というコンセプトの下
で，Ｂ２Ｃの顧客の日常生活のインテリアのアイテムとして「CARAPPO」[16]
ブランドを立ち上げた。これにより，若い女性の潜在的なニーズを掘り下
げると同時に，顧客から本多プラスのブランドの世界観に共感してもらえ
るきっかけをつくった。また，同社は，海外のグローバル・ブランドとの
積極的な協業を通して，世界に通用する自社ブランドの確固たるポジショ
ニングを確保するために，「ブランド創発型企業」づくりと戦略的インタ
ーナル・ブランディングの実現を目指している。

4　ジョブズと本多社長の共通点

　本章では，CEOブランドがもたらす戦略的競争優位性とCEOブラン
ドがイノベーションと戦略的インターナル・ブランディングに与える影響
についてジョブズと本多社長の事例を取り上げ考察した。そこで明らかに
なったのは，以下の通りである。
　まず，２人は，市場環境の不確実性がきわめて高い時代の変化を見極め
つつ，自社ブランドの価値向上と確固たるポジショニングを確保するため
に，変革型リーダーシップを発揮した。すなわち，彼らは，企業全体の最
も重要なブランド知識として，自社のブランド理念とブランド・ビジョン
を組織内で明確に示すと同時に，それらの意味を経営トップ自ら率先して
行動に移すことで，全社員がその意味に共感できるよう積極的にコミュニ
ケーションを図った。彼らは，自社のブランド理念とビジョンの目標を達
成させるために，社員に新しい視点と創造的な思考から，製品を製造・販
売できるように奨励すると同時に，問題解決策も社員自らが積極的に考え
行動するように，常に知的好奇心を刺激し，創造的活動を促した。

　次に，ジョブズと本多社長は，全社員の手本となるよう，経営トップ自らが率先して体現した。また，彼らは，時代がもたらした大きな社会的・経済的な変化を新たな市場機会と捉えて，それらを上手く活用できる革新的なビジネス・モデルを構築し，「需要探索型イノベーション」を生み出すことで，企業成長に大いに貢献してきた。その最も大きな原動力が，美的感覚を備えた意思決定力と「顧客を超えた顧客」に基づいた「プロダクト・ピッカー」の能力であったと結論づけることができる。

　このようなことから，ジョブズと本多社長は，変革型リーダーシップと卓越したコミュニケーション能力を発揮し，企業価値と自社ブランド価値をよりいっそう向上させることができた。彼らは，多くの社員と外部のステークホルダーの心の中に，パーソナル・ブランドとしての認知度や信頼性を高めると同時に，競合他社に対して象徴的な CEO ブランドの戦略的競争優位性を生み出すことができたのである。

注

⑴　ここでいうブランド理念とは，「その企業やブランドの根本的な存在目的であり，その企業やブランドが世界にもたらす高次の恩恵を表現したもの」を指す。Stengel（2011＝2013：17）。

⑵　ここでいうブランド・ビジョンとは，「現在と将来の顧客と社員，投資家，事業パートナー，地域社会などに対して，中長期的な視点から伝達しようとする自社ブランドのあるべき姿・価値・約束・存在意義であり，ブランド戦略の根幹となるもの」を指す。徐・李（2016：25）をもとに加筆。

⑶　ここでいう変革型リーダーシップとは，「企業全体をはじめ，組織文化，社員の動機づけや欲求構造，企業のさまざまな戦略の変革などを実現させるためのリーダーシップ」を指す（徐・李 2020a：33）。詳細な内容については，Bass（1985）を参照されたい。

⑷　ここでいう戦略的インターナル・ブランディングとは，「自社独自のブランド理念とブランド・ビジョンを中長期的な視点から，部門横断的な連携やコミュニケーションを通して，外部のステークホルダーに対して体現するよう全社員に理解・共

感・共有してもらうために，全社的に取り組む諸活動」を指す（徐・李 2020a：33）。

⑸　詳細な内容については，Drucker（1985＝1985：31-57）を参照されたい。

⑹　Kahney（2008＝2008：8-9）。

⑺　片平・古川・阿部（2003：26）。

⑻　前者は，外部の一般顧客・消費者を指し，後者は組織内の経営者・社員を指す。また，この言葉が意味する考え方は，一般顧客・消費者自らが気づいていない潜在的ニーズを遥かに満たせるような価値提案を組織内の経営者をはじめ，社員といった内部顧客が行うことを指す。

⑼　ここでいう「顧客を超えた顧客」の考え方と同様な意味として，片平・古川・阿部（2003）は「超顧客主義」という言葉を用いている。これは，顧客から学び，顧客を超え，製品・サービスを提供する側，すなわち経営者・社員自らが一番目利きの顧客になり続けることの重要性に着目している。とりわけ，彼らは，ブランドをつくる人たちは，常に顧客を超えた顧客でなければならないという「超顧客主義」の考え方に基づき，顧客に驚きと感動を提供し続けることがすべてのブランドづくりの原点であると主張しつつ，そのベスト・プラクティスの事例を取り上げ，彼らの主張を裏付けている。詳細な内容については，片平・古川・阿部（2003）を参照されたい。

⑽　ここでいうプロダクト・ピッカーとは，「シリコン・バレーのベンチャー・キャピタリストが使う言葉で，新興企業のコアとなる製品担当者」を指す（Kahney 2008＝2008：143）。

⑾　「本多プラス」は，愛知県新城市に本社を構えており，資本金は1億円，売上高は54億円（2020年6月期実績），社員数は300名（契約社員・パート含む）である。同社のものづくり競争力の大きな基盤は，本多会長の強力なリーダーシップの発揮により形成された。しかし，本章では，徐（2016）のコーポレート・ブランド力とCEO ブランド力を再吟味し，本多社長の変革型リーダーシップと卓越したコミュニケーション能力を中心に述べていく。

⑿　ブロー成形技術とは，金型にプラスチックを流し込み空気を入れてさまざまな形で成形する技術を指す。

⒀　「本多プラス」のものづくり競争力と市場づくり競争力の詳細な内容については，徐（2016）を参照されたい。

⒁　ブランド・アンバサダーとは，「自社独自のブランド理念とブランド・ビジョンに強く共感し，それらを外部のステークホルダーに対し，自社ブランドの価値を積

極的に体現し伝えようとする社員」を指す。徐・李（2016：16）をもとに修正・加筆。外部から影響力のある人を招き入れ，ブランド・アンバサダーとして活動を行うこともある。しかし可能な限り，ブランド・アンバサダーを組織内で体系的なトレーニングを通して育成した方が，自社ならではのブランディング組織能力の向上をよりいっそう促すことができる。

⒂　西川（2011：231）。

⒃　詳細な内容については，「CARAPPO」のウェブサイト（https://carappo.wixsite.com/carappo）を参照されたい。

補　論
インターナル・ブランディングのキーワード

①ブランド創発型企業

　「ブランド創発型企業（Brand-Inspired Company）」とは，「全社員が自社独自のブランド理念やブランド・ビジョン（⑤）を明確に理解し，そこから強い刺激や共感を得ると同時に，創発的な学びの場のマネジメントを通して，外部のステークホルダーに対し，積極的かつ主体的に体現することで，自社らしい創造性を実現しているブランド中心の企業[(1)]」を指す。このような「ブランド創発型企業」を構築するまでには相当な時間と労力を要する。なぜなら，企業という生き物は，事業の規模が大きくなり，社員の人数が増えるにつれ，社内におけるブランド理念やブランド・ビジョンの共有とコミュニケーションが次第に難しくなるからである。それゆえ，「鉄は熱いうちに打て」というように，組織に対する熱意や柔軟性があるうちに[(2)]，自社のブランド理念やブランド・ビジョンを全社員に十分に理解・共感・共有してもらわなければならない[(3)]。このような取り組みを実現させるための大きな推進力の１つが，部門横断的な連携や社内コミュニケーションを用いた戦略的インターナル・ブランディング（③）である。

②ブランディング

　ブランディングとは，「単にコミュニケーションに関わるものではなく，自社の確固たるブランド・ポジショニングを定着させることで，組織の全

体的なブランド・アセット・マネジメントの目標と目的を達成すると同時
に，自社ブランド価値を高めるためのコミュニケーション戦略の策定に関
わるもの」を指す。すなわち，ブランディングは，競合他社に対して，商
品・サービスのイメージを高めるために，特定の部門のみが行うのではな
く，全社的に取り組むべききわめて重要な経営戦略の1つなのである。そ
れゆえ，組織内でブランディングを推し進める際に，その重要性・必要性
に対する経営トップの明確な理解と十分な権限委譲・強力な支援などが必
要不可欠である。これなしでは，ブランディング近視眼的になるおそれが
ある。

③戦略的インターナル・ブランディング
　戦略的インターナル・ブランディングとは，「自社独自のブランド理念
とブランド・ビジョンを中長期的な視点から，部門横断的な連携やコミュ
ニケーションを通して，外部のステークホルダーに対して体現するよう全
社員に理解・共感・共有してもらうために，全社的に取り組む諸活動」を
指す。このような戦略的インターナル・ブランディングに組織的に取り組
むことで，次のような5つのメリットを生み出すことができる。①本社や
特定の子会社の社員と事業パートナーに自社の進むべき方向性と組織・仕
事に対するモチベーションを付与する点。②社員に強い刺激と共感を与え
ることで，自社ブランドの理念とビジョンを実現するための創造的かつ画
期的なブランド構築プログラムを発見・実行できる点。③社員が自社ブラ
ンドの理念とビジョンに強く共感し自分ごと化することで，多様な外部ス
テークホルダーに体現できる点。④明確な自社ブランド理念・ビジョンの
体現を通して，社員に仕事上の意義と達成感を提供できる点。⑤戦略とそ
の実行の基盤となる組織文化を支援できる点，である。同時に，戦略的イ
ンターナル・ブランディングを実現するために必要不可欠な2つの前提条

件がある。①実行可能で明確な自社ブランド理念・ビジョンを市場に存在する多様な外部のステークホルダーに強く共感してもらえるように伝えるコミュニケーション能力，②社内におけるエクスターナル・ブランディングやインターナル・ブランディングの遂行にあたり十分な権限移譲を可能にするトップ・マネジメントからの強力な支援と深い関与である。

④ブランド理念

　ブランド理念とは，「その企業やブランドの根本的な存在目的であり，その企業やブランドが世界にもたらす高次の恩恵を表現したもの[7]」を指す。ここでいう理念には，次のような 6 つの意味が含まれている[8]。①21世紀に自社ブランドを成功させるためのカギを握る要素，②社員に始まり顧客に至るまで，企業やブランドが関わるすべての人々を末永く味方につけ，連帯させ，行動の背中を押し続ける唯一の手段，③市場で競争力を得るために事業・リーダーが活用できる最も強力な道具，④企業やブランドの根本的な存在目的，企業やブランドが世界にもたらす高次の恩恵を表現したもの，⑤社内の人々がいだく中核的信念と，その企業やブランドが奉仕する人々が重んじる基本的価値観を結びつける要素，⑥社会的責任や利他主義に基づく行動にとどまらず，人々の生活をよりよいものにすることを通じて利益をあげ，成長を実現するための基本指針，である。それゆえ，ブランド理念には，上記のような普遍的価値を盛り込まなければならない。しかし，ブランド理念があいまい過ぎてしまうと，その意味や意図が上手く社員に伝わらないリスクが起こりうる。これを未然に防ぐためには，社員が強く共感すると同時に，それぞれの価値観に置き換えて創造的かつ自発的に意思決定を行い，外部のステークホルダーに体現できるような自社独自のブランド理念をつくらなければならない。これが成立すると，社員は自社のブランド理念を静的に捉え固定的に受け入れるのではなく，そこ

から強い刺激やインスピレーションを得て，ダイナミックに捉え主体的に行動することで，自社らしい創造性の実現を可能にする。その結果，組織の求心力もよりいっそう高まるのである。

⑤ブランド・ビジョン

　ブランド・ビジョンとは，「現在と将来の顧客と社員，投資家，事業パートナー，地域社会などに対して，中長期的な視点から伝達しようとする自社ブランドのあるべき姿であり，ブランド戦略の根幹となるもの」を指す。ここでいうブランド・ビジョンは，これまで Aaker の著書の中では「ブランド・アイデンティティ」といわれていた。しかし，Aaker（2014）は，次のような理由により，「ブランド・アイデンティティ」を封印し，その代わりにブランド・ビジョンを使っている。

　ブランド・ビジョンは，①マーケティング・プログラムを構成する各要素のうち，ブランド構築の部分を決定づける際に，大きな影響を与える点，②戦略プラン策定プロセスの中心の1つになるべき存在である点，③戦略的で高い理想を追うこの概念の性質をよく捉えている点，である。また，一部の人がブランドをとりまくグラフィック・デザインを指して，「アイデンティティ」と呼んでいるため，誤解を生むことも理由の一つである。成長志向が強いブランド・ビジョンは，自社が長年培ってきた技術力を活かしたイノベーションと創造性を促すと同時に，社員に将来への希望を与えることができる。このようなブランド・ビジョンは，国内外の市場において好ましいブランド・イメージとして多くのステークホルダーに認知させると同時に，強い信頼関係を築くうえで大きな原動力となる。

⑥創発的な学びの場のマネジメント

　創発的な学びの場のマネジメントとは，「全社員が自社独自のブランド

理念とブランド・ビジョンから強い刺激を得ると同時に，それらを外部の
ステークホルダーに対し，主体的に体現することで，自社らしい創造性を
発揮できるような場を戦略的にマネジメントすること[9]」を指す。企業はこ
のような取り組みを実現するために，組織内の社員が自発的に参加し，相
互の信頼関係を築き上げるためにコミュニケーションを行いつつ，共通の
体験をする場[10]を多様な形態で提供しなければならない。すなわち，「組織
の中にさまざまな場を生みだし，それらの場を機能させていくことによっ
て組織を経営しようとする場のマネジメント[11]」がきわめて重要である。ま
た，企業は，このような「場のマネジメント」を通して，新しい場を創造
すると同時に，既存の場の活性化を促すことができるように働きかけなけ
ればならない。

　創発的な学びのマネジメントを推し進める際に，きわめて重要な場とし
ては，エクスターナル・ブランディングやインターナル・ブランディング
に関する企業内研修・講座・セミナーとインターナル・ブランディング実
行のための自社ブランド推進プロジェクト・チームの公式・非公式な会議
が考えられる。それ以外にも，次のような場が挙げられる[12]。①区切る会議
（始業式，年始会，決起会，キックオフミーティング，中間報告会，成果報告会など）。
②発散する会議（ブレインストーミング，アイデア出し会，ネタだし，ワイガヤな
ど）。③教える会議（トレーニング，勉強会，研修，説明会など）。④整理する会
議（連絡会，協議会，スケジューリング会など）。⑤共有会議（報告会，連絡会，確
認会議，営業会議など）。⑥意思決定を行う会議（経営会議，役員会議など）。⑦
参加者や組織の名前がついている会議（取締役会，役員会議，経営者会議，マ
ネージャー会議，リーダー会議，営業会議，職員会議など）。⑧定期的に開催される
会議（定例会議，週例会議，月例会議，例会，朝会など）。⑨社内ブランド・サイ
ト（社内ポータルサイト，イントラネット，自社専用のSNSなど）。

⑦ステークホルダー

　ステークホルダーとは，「企業が顧客創造を実現し，社会的責任を遂行するにあたり，何らかの影響を与えるか影響を受ける利害関係者グループもしくは個人のこと[13]」を指す。ステークホルダーは，内部と外部のステークホルダーに大別できる。すなわち，前者には，経営者と社員，会社の所有者としての株主が含まれている。後者には，顧客・消費者をはじめ，一般の株主・投資家，取引先，業界団体，サプライヤー，メディア，アナリスト，債権者，消費者団体，NPO，地域社会，自治体，政府，政治団体，監督官庁などが含まれている。企業は，自社独自のブランド理念とブランド・ビジョンを，上記の内部と外部のステークホルダーに対し徹底的に体現すると同時に，ブランド・プロミスを果たすことで，自社ブランドの資産的価値の向上と確固たるポジショニングの確立を促すことができる。

⑧ブランド・プロミス

　ブランド・プロミスとは，「企業が自社ブランドを背負いつつ，顧客・消費者，社会，株主，社員の期待に応えると同時に，彼らのニーズに対して満たすべき責任[14]」を指す。顧客・消費者に対するブランド・プロミスは，良質な製品・サービスを提供し続けることで，信頼・支持・選択し続けてもらえるよう努めることである。社会に対するブランド・プロミスは，安定的かつ持続的な成長を実現することで，何らかの形で社会に貢献し信頼・支持し続けてもらえるよう努めることである。また，株主に対するブランド・プロミスは，安定的かつ持続的な成長を実現することで，安心・信頼して投資し続けてもらえるよう努めることである。そして，社員に対するブランド・プロミスは，安定的かつ持続的な成長を実現することで，安心・信頼して働き続けてもらえるよう努めることである。

⑨統合的な視点から捉えるブランド

統合的な視点（顧客視点＋企業視点）から捉えるブランドとは，「競合他社から差別化できる自社固有の企業・製品・サービスにアイデンティティを与える『目に見える差別的諸要素』と『目に見えない差別的諸要素』の集合体」[15]を指す。前者は，名前，用語，数字，シンボル，キャラクター，スローガン，デザイン，パッケージなどの組み合わせが挙げられる。後者は，製品やサービスそのものを超えた付加価値を生み出す原動力となる企業独自の歴史，志，創業精神，価値観，思想，文化，哲学，理念，ビジョン，信念などの組み合わせが挙げられる。

⑩ブランド弱者

ブランド弱者とは，「一般的に，大企業に比べ，自社ブランドの知名度と認知度がきわめて低いがゆえに，品質や機能性が高い製品・部品にもかかわらず，価格競争という負の連鎖に陥る企業」を指す。本書でいうブランド弱者は，必ずしも中小企業であるとは限らない。一部の中小企業の中では，経営トップや経営幹部がブランディングに関する重要性と必要性について十分に認識をすると同時に，中長期的な視点からエクスターナル・ブランディングやインターナル・ブランディングを推進させるための適切な権限移譲と組織づくりを行っているからである。

ブランド弱者は，ブランディング戦略の実行における劣悪な環境と制約条件が慢性的に続くことで，次のような「6つの負の連鎖＝ブランド・バリア」をもたらすことになる。①顧客（B2BとB2C）間において自社ブランドの知名度と認知度がきわめて低い点。②①の負の連鎖により，マーケティング力やブランディング力を高める経営資源とそれらに関する知識と実践力を兼ね備えた優秀な人材が不足している点。③②の負の連鎖により，市場環境の変化に迅速かつ柔軟に対応できるブランディングを戦略

的に行えるような「組織能力」が相対的に弱い点。④①の負の連鎖により，企業成長を促す新製品を開発するための資金が不足している点。⑤上記の負の連鎖により，強いブランドを創るための時間・情報力・技術力が不足している点。⑥エクスターナル・ブランディングやインターナル・ブランディングの重要性・必要性に対する企業トップの認識が欠けている点，である。上記のようなブランド弱者ならではの経営課題を克服するために，組織内においてエクスターナル・ブランディングやインターナル・ブランディングを戦略的かつ組織的に推し進めなければならない。

⑪ブランディング近視眼

　ブランディング近視眼とは，「ブランドの長期的な健全性と客観的な一貫性の欠如がもたらした結果として，短期的な視点に基づいた低価格競争による企業体力消耗戦など」を指す。消費財メーカーによるブランディング近視眼の３つの原因としては，①データ増殖，②測定が難しい長期効果，③ブランド・マネージャーの任期の短さなどが挙げられる。

⑫ブランド・アンバサダー

　ブランド・アンバサダーとは，「自社独自のブランド理念とブランド・ビジョンに強く共感し，それらを外部のステークホルダーに対し，自社ブランドの価値を積極的に体現し伝えようとする社員」を指す。外部から影響力のある人を招き入れ，ブランド・アンバサダーとして活動を行うこともある。しかし可能な限り，ブランド・アンバサダーは組織内で体系的なトレーニングを通して育成した方が良い。そうすることで，自社ならではのブランディング組織能力の向上をよりいっそう促すことができる。

⑬サイロ型縦割り組織構造

　サイロ型縦割り組織構造とは，「他部門との円滑な情報の共有や連携が取れないため，組織内の各部門が組織全体のことを考えず，自己部門のことだけを優先しがちな組織構造[18]」を指す。このような考え方が組織内に蔓延していくと，組織が硬直化しやすくなると同時に，企業変革がほとんど進まなくなる。その負の連鎖により，戦略的ブランディングを行うための部門間の連携やコミュニケーション，重要な情報の共有も不可能となる。その結果，ブランディング近視眼による「負の連鎖」が生じ，中小企業のブランディング活動の軸となる自社独自のブランド理念とブランド・ビジョンなどを組織内に確実に浸透させることは事実上，きわめて困難となる。それゆえ，上記の組織構造上の課題を解決するために，部門間の垣根を超えた戦略的インターナル・ブランディングの実行が必要不可欠である。

　これを実現するため，ブランド弱者は社員たちが自社のブランド理念とブランド・ビジョンの体現者として，ブランディングに関する必要な専門知識を創造的かつ自発的に学び取り，新たな組織的知識を生み出すための場を戦略的に活用すべきである。その結果，ブランド弱者は部門間の垣根を超え自社のブランド理念とブランド・ビジョンを中心とした組織的知識を創出・共有・活用し，持続的競争優位性を確保することができるようになる。

⑭企業家

　企業家とは，「いかなる困難な状況下においても，経営資源の新結合を実行することで，常にビジネス・チャンスを追求する者[19]」を指す。それゆえ，必ずしも企業家＝経営トップであるとは限らない。すなわち，企業内での地位や勤務状態などによって決まるのではなく，経営資源の新結合を生み出す役割を果たしているなら，組織内の誰もが企業家になれるといえ

る。逆説的にいえば，このような役割を果たせなくなったら，たとえ経営
トップであっても，企業家といえなくなるのである。

⑮企業家精神

　企業家精神とは，「いかなる困難な状況下においても，自社の経営資源
の新結合を実行することで，常にビジネス・チャンスを追求する者が有す
る資質や姿勢[21]」を指す。ブランド弱者の「負の連鎖」から抜け出すための
戦略的取り組みの1つが，企業家能力が高く企業家精神が旺盛な人材を育
てることである。その前提条件は，自社独自のブランド・理念とブラン
ド・ビジョンから強い刺激と共感を得て，自社らしい創造性を実現させる
イノベーションを生み出すことである。このような好循環を生み出すため
に必要不可欠なのが，本書で終始強調する戦略的インターナル・ブランデ
ィングである。それゆえ，企業家能力が高く企業家精神が旺盛な人材は，
「ブランド創発型企業」を構築・強化していくうえで大きな原動力・推進
力の1つとなるといえる。

⑯企業変革

　企業変革とは，「組織の主体者（経営主体）が，環境の変化に適合しない
古い考え方・価値観・組織体質を変えると同時に，環境の変化がもたらす
複雑性の中で行う組織の存続を確保する活動[22]」を指す。このような観点か
ら見ると，本書でいう「ブランド創発型企業」をつくるための戦略的イン
ターナル・ブランディングも，企業変革の一環として行う組織的な取り組
みであるといえる。それゆえ，企業はまず，戦略的インターナル・ブラン
ディングを通して，いかなる時代においても通用する普遍的なパラダイム
に基づいた自社独自のブランド理念とブランド・ビジョンを，今の経営ト
ップや経営幹部，社員といった重要な内部のステークホルダーがよりいっ

そう納得・共感してもらえるように改めて明文化する必要がある。そして，明文化された自社のブランド理念とブランド・ビジョンが持つ意味から，全社員が強い刺激や共感を得ると同時に，それらを創造的に学び取れる場を可能な限り多く提供しなければならない。また，そのさまざまな場を通して，自社のブランド理念とブランド・ビジョンが持つ意味の創造的かつ自発的な体現に関するやり方やノウハウ，成功事例などといった知識を創出・共有・活用しなければならない。すなわち，各部門の社員は，さまざまな変化や状況に応じつつ，自社のブランド理念とブランド・ビジョンを，外部の多様なステークホルダーに対し自主的かつ自発的に体現することで，自社ブランドの価値をよりいっそう高めることができるようになる。ただし，これを実現するためには，部門間の意見交換や情報共有がほとんど取れない硬直的な縦割り組織から脱皮し，部門間の壁を越えた社員参加型の有機的な組織構造に組織体質を変えることが絶対条件となる。

⑰変革型リーダーシップ

　変革型リーダーシップとは，「企業全体をはじめ，組織文化，社員の動機づけや欲求構造，企業のさまざまな戦略の変革などを実現させるためのリーダーシップ[23]」を指す。経営トップまたは自社ブランド推進プロジェクト・チームのリーダーは，企業変革の一環として戦略的インターナル・ブランディングを実行する際に，彼らが兼ね備えるべきなのが，変革型リーダーシップである。彼らは，変革型リーダーシップを発揮することで，企業全体の新しい知識として，確固たる自社独自のブランド理念とブランド・ビジョンを，組織内において明確かつわかりやすく伝え確実に浸透させなければならない。これを実現させるために，リーダーたちは，全社員が自社のブランド理念とブランド・ビジョンから強く共感をするとともに，自社に対する貢献意欲を高められるように働きかけるべきである。また，

彼らは，自社のブランド理念とブランド・ビジョンに基づいた各部門の目標を達成するために，社員に新しい発想や視点から考えることを奨励しなければならない。同時に，その意味や問題解決策を自ら考え行動するように，常に知的好奇心を刺激しなければならない。その結果，社員は，自社のブランド理念とブランド・ビジョンから強い刺激や共感を得ると同時に，それらをダイナミックに捉え，顧客をはじめとする外部のステークホルダーに対して，主体的かつ自発的に体現することで，各々の企業らしい創造性を実現することができるようになる。さらに，リーダーは，各部門の社員に対してコーチングや啓蒙活動，企業内研修などを通して，社員一人ひとりに寄り添いつつ，自社のブランド理念とブランド・ビジョンを体現するための社員の成長を重んじなければならないのである。

⑱自社ブランド推進プロジェクト・チーム

　自社ブランド推進プロジェクト・チームとは「中長期的な視点に立ち，外部のブランディングの専門家を迎え入れ，企業内部の次世代経営幹部や各部門のリーダー候補を部門横断的に結成する組織」を指す。自社ブランド管理組織の体制には，①専門組織担当制，②既存部門担当制，③委員会担当制，④役員担当制，⑤部課長担当制，⑥外部組織担当制が挙げられる。本書で取り上げる自社ブランド推進プロジェクト・チームは，③と⑥を組み合わせた組織形態である。とりわけ，ブランド弱者である中小企業の場合は，社内において自社ブランド推進プロジェクト・チームをつくるのが望ましい。その理由は，次の通りである。①経営トップや経営幹部をはじめ，多くの社員のエクスターナル・ブランディングや戦略的インターナル・ブランディングに関する重要性や認識がきわめて低いためである。②彼らには，それらに関する専門知識やスキル，ノウハウなどがほとんど蓄積されていないからである。ただし，自社ブランド推進プロジェクト・チ

ームは，特定の部門のみに限定して行われると，ほとんど効果が得られない。各部門においてさまざまな形で不協和音が生じると，確固たる自社独自のブランド理念とブランド・ビジョンを確立し，自社ブランド価値を高めるという企業変革を阻むことになるからである。自社のブランド理念とブランド・ビジョン，価値観が各部門にほとんど浸透せず，経営者と社員間または部門間の言行不一致が発生することで，相互の理解と支援，信頼の関係が失われてしまうのである。

⑲ICT を活用した戦略的インターナル・ブランディングにおける「戦略的」の意味

　ICT を活用した戦略的インターナル・ブランディングにおける「戦略的」[26]とは，以下の 8 点を意味する。

①新型コロナウイルスの影響により多くの企業が取り組み始めているテレワークを一時的に捉えるのではなく，中長期的な視点から次なる未知のウイルスやさまざまな自然災害の発生時に備えておく必要がある。それと同時に，SDGs の視点，つまり働く側の立場に立ち，体系的かつ全社員参加型経営を目指し取り組んでいかなければならない。

②今日のような不確実性がきわめて高い市場変化に柔軟かつ迅速に対応しつつ，競合他社に先駆けて組織内で DX を推し進めることで，自らを変化させていく。それと同時に，潜在的ニーズをより的確に捉え満たすことで，競合他社に対して優位に立たなければならない。

③自社のあらゆる経営活動の中核となる理念・ビジョン・価値観を体現すると同時に，DX の推進と合わせた業務改革のあり方と組織全体の明確な方向性を示すための共通の目的・目標，使命，世界観を明文化しなければならない。

④DX の推進の一環として全員参加型経営で取り組むリモートワークやリモート型インターナル・ブランディングを通して，全社員に成長志向のマインドセットを持たせなければならない。

⑤リモートワークやリモート型インターナル・ブランディングなどといったさまざまなオンラインの場において組織的な取り組みや実行における優先順位づけと重点分野を強調した資源配分を効果的かつ効率的に行わなければならない。

⑥リモートワークやリモート型インターナル・ブランディングを行うに当たって，競合他社にとって模倣困難性の高い，自社独自のリモート型インターナル・ブランディングの取り組みや実践に関する膨大な経験や知識，ノウハウなど付加価値の高い情報的資源を組織的に共有し蓄積していくことを強く意識させなければならない。

⑦自社の一定の資本を投じ，リモートワークやリモート型インターナル・ブランディングの取り組みを行う際の推奨事項と禁止事項を明確に定めて取り組むことで，成果を生み出していかなければならない。

⑧自社の市場価値に対する最終的意思決定権を持つ外部のあらゆるステークホルダーに対して，組織共通の目的・目標・使命・価値観を体現する際，責任の所在を明確化しなければならない。

⑳ソーシャル・キャピタル

　ソーシャル・キャピタルとは，「社員同士または部門間，組織と社員間において健全なる人間関係を構築し，良質な信頼関係を確立し，長期的な協力関係を促進することで，組織を束ね効果的に動かすことができる関係価値(27)」を指す。充実した福利厚生制度の導入・実施を通した健全なる人間関係の構築は，戦略的インターナル・ブランディングを実行する際に，必要な社員同士のつながりと部門間の連携を促す信頼関係と協力関係を形成するのに最も重要な基盤になる。良好な信頼関係の構築・確立は，社員同

士の横のつながりと部門間の連携，ナレッジ・シェアリング（知識共有）の促進を可能にする。長期的な協力関係の構築・促進は，組織の共通目的を確実に浸透させると同時に，それを多くの社員が強く共感し体現することで，社員同士または部門間の連携と組織としての結束力・団結力の強化を可能にする。したがって，「ソーシャル・キャピタル」は，戦略的インターナル・ブランディングを推進していくうえで，最も大きな原動力の1つであると同時に，最も重要な基盤であるといえる。言い換えれば，戦略的インターナル・ブランディングを実行する際に，社員同士または部門間，組織と社員間の①健全なる人間関係と②良質な信頼関係，③長期的な協力関係の構築・醸成・促進の3点が必要不可欠なのである。

注

(1)　「ブランド創発型企業」の概念を最初に提唱したのは，日本におけるブランド戦略論の権威の一人である田中（2012）である。田中（2012）は，「ブランド創発型企業」とは，「ブランドのもつ意味や理念から，社員自身が「創発的」に，つまり創造的かつ自発的な影響を受けて，アクションを起こしていくプロセスをもつ企業」であると述べている（田中 2012：34）。「ブランド創発型企業」に関する徐・李（2016，2018，2019a，2019b，2019c）の定義と考え方は，田中（2012）から影響を受け，それに組織論・リーダーシップ論・企業変革論の視点を加味しながら論じている。

(2)　Barnard（1938）は，組織を「2人以上の人々の意識的に調整された活動や諸力の体系」と定義している。これをもとに，本書では，組織を「共通目的を達成するために，リーダーシップとコミュニケーションを駆使しつつ，2人以上の人々からなる分業・統制・調整の体系」と定義づける。内野（2006：108）をもとに若干修正。

(3)　無論，必ずしもすべての中小企業の創業年齢が若いとは限らないが，創業して間もない中小企業や小規模企業をイメージしながら考えると良いだろう。

(4)　この定義は，Davis（2000：178＝2002：207）をもとに作成。

(5)　徐・李（2020a：33）。

⑹　ここでいう「組織文化」とは，「組織のあるべき姿を実現するために，組織内の全社員が共通して持つ価値観と信念」を指す。これは，Peters & Waterman（1982）と加護野（1988）に基づき，筆者らが定義づけたものである。

⑺　Stengel（2011 = 2013：17）。

⑻　同上訳書，9頁。

⑼　徐・李（2019c：89）をもとに作成。

⑽　ここでいう場の概念は，伊丹（1999：23，2005：42）に基づいている。

⑾　伊丹（2005：152）。

⑿　①〜⑧は，「働き方改革ラボ」のウェブサイトより。⑨は，徐・李（2016）より。

⒀　Freeman（1984，2004）をもとに修正・加筆。

⒁　徐・李（2016：25）をもとに加筆。

⒂　徐（2010a：122）をもとに一部省略。ブランド定義のより詳細な内容については，徐（2010a：118-123）を参照されたい。

⒃　この定義は，Lodish & Mela（2007）をもとに作成。

⒄　この定義は，徐・李（2016：16）をもとに修正・加筆。

⒅　この定義は，徐・李（2019a，2019b）をもとに作成。

⒆　この定義は，Schumpeter（1911）の考え方に基づいたものである。

⒇　小規模な企業またはスタートアップ企業の場合は，経営トップが企業家の役割を果たす場合が多い。

㉑　この定義は，Schumpeter（1911）の考え方に基づいたものである。

㉒　大月（2005：6）をもとに若干修正。

㉓　徐・李（2020a：33）。

㉔　同上論文，26頁をもとに作成。

㉕　詳細な内容については，田中（2017：214-215）を参照されたい。

㉖　「戦略的」の捉え方は，榊原（2002：152-154）に依拠しつつ再解釈している。また，戦略それ自体の意味は，「自社独自のアイデンティティと共通の目的を確立し，長期的な成長へ企業を導くダイナミックプロセスであり，将来に向けてあるべき姿を描くもの」として位置づけることにする。これは，Montgomery（2008 = 2008：56-57）をもとに再解釈している。

㉗　「ソーシャル・キャピタル」の定義を端的にいうと，社会的組織としての関係価値である。

本書を読み終えたあと，一歩先を見据え！

《働き方改革とインターナル・ブランディング》

　働き方改革は，日本国内雇用の約7割を担う中小企業が着実に実施する必要があるといわれている。[(1)] それゆえ，ブランド弱者である中小企業は，本書で取り上げた戦略的インターナル・ブランディングを通して，魅力的な職場をつくることが必要不可欠である。魅力的な職場づくりは，中長期的な観点から最適な人材の確保と雇用機会の創出を促すことを可能にする。成長途中の中小企業が，大企業と同等の賃金や休業・住宅手当などのような福利厚生を充実させることは決して簡単なことではない。しかし，中小企業でも，自社が目指すべき中核的な価値観を体現した社員には，それに相応しい報酬やインセンティブを与える評価制度を積極的に実施することで，組織に対するエンゲージメントを高めることもできる。また，中小企業は，新入社員を採用する際に，自社ブランドの中核的な価値観である理念とビジョンをはじめ，存在価値，存在理由にどれだけ共感しているかを細部まで注意深く観察し採用する必要がある。このような取り組みも，戦略的インターナル・ブランディングの重要なやり方の1つであるといえる。本書の第9章で紹介されている本多プラスの場合は，①経営理念への共感，②成長と成功への共感，③チームワークへの共感ができる人材像に合致した人物を積極的に採用している。これにより，本多プラスは，自社へのエンゲージメントの向上とともに，組織を活性化させることで，知識労働の生産性をいっそう高めることができた。とりわけ，同社のデザイナー集団は，パッケージのデザインだけではなく自ら営業活動も行うことで知識労働の生産性を著しく向上させたのである。

本多プラスは，上述した取り組みを通して社員の共感的理解を生むことで，自社のさまざまな面において波及効果をもたらすことができた。たとえば，本多会長や本多社長が掲げた経営哲学や戦略的ビジョンに対する社員の共感は，以下のようなメリットを生み出すことができた。①経営哲学やビジョンの本質を深く理解し，そこからさまざまなひらめき・気づき・知見を得ると同時に，創造的な発想を促すことで，Ｂ２Ｂ顧客やＢ２Ｃ顧客に対して「本多プラス」独自のブランドの世界観を体現することができた点。②組織に対する社員のエンゲージメントを向上させることができた点。これによって生み出された本多プラスならではの製品ブランド価値や顧客体験への共感は，本多プラスでしか味わえないユニークかつ独創的な小型容器に対する信頼感と評判を向上させることができた。さらに，本多プラスのブランド認知度とブランド・ロイヤルティを高めることも可能にした。

《ウィズコロナ・アフターコロナ時代のインターナル・ブランディング》
　第６章で述べたように，新型コロナウイルス感染症の拡大により，企業の組織的コミュニケーションのあり方が激変している。これまで，対面コミュニケーションを中心とした現実空間，つまり，オフラインの場から，オンライン・コミュニケーションを中心とした場へ変わりつつある。この変化は，企業にとってもはや選択ではなく必須となるかもしれない。今日の企業は，DXを通して，デジタル技術を戦略的に活用した業務改革と企業文化，組織的コミュニケーションの変革などを全社的に取り組んでいかない限り，持続的な企業成長は望めない。この動きは，大企業だけではなく，中小企業も該当する。そのため，ウィズコロナ時代やアフターコロナ時代においても，多くの日本企業は，さまざまな状況に応じて，戦略的かつ組織的に対面コミュニケーションとオンライン・コミュニケーションを

行う場づくりが必要不可欠となる。

　しかし，かつてないほど大きな変化により，企業の組織的コミュニケーションのあり方が変わっても，結局，強い組織をつくるために必要なのは変わらない。それは，①明確な共通目的，②効果的な社内コミュニケーション活動，③自発的貢献意欲（エンゲージメント）の確立である。また，第1章で述べた通り，「強いブランドは組織内部から生み出される」というインターナル・ブランディングと「社員の知恵とエネルギーが企業成長の源泉である」という人本主義に基づいた考え方も必要不可欠である。無論，ICTを戦略的に活用したインターナル・ブランディングは，中小企業にとってもきわめて重要な取り組みである。理念とビジョン，価値観に共感し，それに即した革新的な製品・サービスをつくり提供するのは，あくまでも社員だからである。それゆえ，第6章で取り上げた「ソーシャル・キャピタル」の3つの関係を一体として機能させることは，戦略的インターナル・ブランディングの実行を促す最も重要な基盤であると同時に，組織力を高めるための戦略的関係の構築・強化を促す原動力にもなるといえる。

《インターナル・ブランディングと社員満足度の関係，企業の価値・目的と
　社員との関係性》

　第1章で述べた通り，ブランド弱者である中小企業は，戦略的インターナル・ブランディングを通して，「ブランド創発型企業」をつくる際の第1ステップとして，組織に対する社員の帰属意識を高めなければならない。その際に，組織の中核的な価値観に対する社員の明確な理解と伝達が必要不可欠である。また，「ブランド創発型企業」の構築において重要な基盤となるのが，自分の仕事や業務を通した心理的安全性の確保である。これがあるかないかで，社員の満足度が変わるといっても過言ではない。さらに，企業は，快適で居心地の良い職場環境を育み，社員それぞれが組織の

大切な一員であると実感してもらえるような場を設ける必要がある。たとえば，本書で取り上げたさまざまな企業研修や会議などがそれに当てはまる。これにより，企業は，仕事に対する社員の満足度を向上させるだけではなく，社会的欲求を満たすことができる。すなわち，組織へのコミットメントの向上をよりいっそう促すことが可能となる。第6章で述べた，充実した福利厚生の積極的な実施により，築き上げられた組織内における人間関係の構築も，社員の満足度の向上と密接な相関関係がある。

　中小企業は，第2ステップとして，戦略的インターナル・ブランディングの実行に関する十分な権限を自社ブランド推進プロジェクト・チームに与えるべきである。チーム編成を行う際には，可能な限り，組織内において次世代経営幹部や各部門のリーダー候補となる潜在能力が高い若手社員を各部門から選抜し結成することがきわめて重要である。また，経営トップの強いリーダーシップと後押しがあってこそ，彼らは権限を駆使することが可能となる。中小企業は，このチームの取り組みや活動を通して，メンバー間の連帯感を高めると同時に，仲間意識も形成することができる。さらに，チーム・メンバーの自発性と創造性を発揮させることで，当事者意識を高めることもできる。これにより，プロジェクト・チームは適切な意思決定と行動を行い，組織としての結束力を高める信頼関係の構築を可能にするのである。ここで重要なのは，第6章でふれたように，自社が定めた行動基準に沿って適切な判断と行動を取ることで，自社のブランド理念とブランド・ビジョンの体現による成果を出した部門または社員を客観的に評価する人事制度をつくることである。これには，社員個々人または部門間のさまざまな活動の結果として表れる数字だけではなく，理念とビジョンへの共感能力，チーム・メンバー間の信頼関係，コミュニケーション，相互協力などを含める必要がある。このような取り組みを通して，社員の承認欲求を満たすことが可能となる。

　中小企業は，第3ステップとして，戦略的インターナル・ブランディングを通して，自社のブランド理念とブランド・ビジョンから，全社員が創造的に学び取り，主体的に考え，外部のステークホルダーに対して体現できるように取り組まなければならない。この際に必要不可欠なのは，自社の中核的な価値観と社員個人または組織の価値観を合致させ，相互が信頼関係と協力関係という強い絆で結ばれることである。これを実現させるために可能な限り，多くの社員に自己実現の欲求を満たせる幅広い学習の機会やインセンティブを提供しなければならない。たとえば，自社の企業変革を実現させるためのインターナル・ブランディングやリーダーシップ，DXなどに関する社外の講座やセミナー，ワークショップなどへの参加を積極的に奨励・支援する施策などがそれに当てはまる。それに加えて，各部門の直接的かつ間接的な業務内容と関連する異業種交流会への参加も望ましい。その後，中小企業は，各々の場で学んだことや気づいたことを，社内の知識創造交流会のような場を通して，部門横断的に情報共有することで，組織に対するエンゲージメントを向上させることができる。また，このプロセスにおいては，金銭的援助と成長への意欲を促す報酬制度や仕組みをつくるのが望ましい。これにより，社員個々人または部門間・チーム間の知的好奇心の向上と社内コミュニケーションの活性化，長期的な協力関係を促すことで，社員自身が持つ潜在能力と可能性を最大限に発揮できるような場づくりが可能になる。その結果，中小企業は，社員の自発性と創造性をよりいっそう促すと同時に，企業共通の価値・目的と社員の関係がより密接になるのである。

《インターナル・ブランディングの失敗例》

　そもそも企業は，自社の失敗例を公にすることを嫌う傾向がある。世間一般に知られている大企業のさまざまな取り組みや活動，戦略の失敗に関

する事例のほとんどは，該当企業が中長期的な視点を持った企業変革に取り組んだ際に発生した失敗を乗り越え成功した話である。すなわち，企業の戦略や活動が成功しない限り，失敗例のみを公開することは稀なことであるといえる。中小企業の場合はなおさらである。とりわけ，中小企業におけるインターナル・ブランディングは，比較的新しい取り組みであるため，失敗例に関する研究や文献は皆無に近い。そのため，第1章では，エクスターナル・ブランディングやインターナル・ブランディングに関する失敗例ではなく，中小企業の組織内でインターナル・ブランディングの実行を阻む要因（「ブランド弱者の負の連鎖＝ブランド・バリア」）に焦点を当て，欧米の先行研究の考察を行った。これらの阻害要因の他に，インターナル・ブランディングの失敗を招く根本的な要因としては，サイロ型といわれる縦割り組織構造と財務的評価との相関関係が非常に弱い点が挙げられる（Schultz 2004）。

　第1章から導き出されたインプリケーションを日本の中小企業の現実に反映させ，戦略的インターナル・ブランディングを行う際に，失敗に陥る要因と解決策についてもう一度ふれておこう。第1章で述べた通り，ブランド弱者の負の連鎖の大きな原因の1つが，ブランディングに経営トップが関心を持っていないことやそれを自社の最優先経営課題として位置づけていないことである。そのため，中小企業の経営者またはそれに匹敵するくらいの意思決定権を持つ経営幹部を中心に，価値提案のための営業活動を行っているブランディング・コンサルタントや専門家は少なくない。中小企業の経営トップをはじめ，一部の経営幹部からコンセンサスを得て，いざ企業変革の一環として組織内でインターナル・ブランディングに関する企業内研修やワークショップを行う際に，その取り組みに対する抵抗勢力は必ず現れる。その際に重要なのは，彼らを抵抗勢力として捉えず，彼らの意見にも耳を傾けつつ，彼らが納得するまで時間をかけて味方に変え

られるように，対話を積み重ねていくことである。

　上記の段階までたどり着くと，経営トップのリーダーシップにより，戦略的インターナル・ブランディングを継続的かつ体系的に進めやすくなる。その際に重要なのは，なぜ自社が全社を挙げて企業変革，とりわけ戦略的インターナル・ブランディングを行わなければならないのか，その理由と自社を取り巻く現状について客観的なデータや情報を有効に使いつつ丁寧に説明していく必要がある。しかし，多くの中小企業では，経営トップや経営幹部でさえも，エクスターナル・ブランディングまたは戦略的インターナル・ブランディングに関する知識が高くはないため，企業変革の最初の段階においては，外部のブランディングの専門家を迎え入れる場合が多い。その際，外部のブランディングの専門家には，それに関する豊かな経験値や高度な知識は勿論，心の距離を縮め，場を和ませるコミュニケーション能力と，知識の交流会や交換会を通して出された多くの意見を論理的にまとめあげられるファシリテーターとしての能力が求められる。

　次の段階として力を注ぐべきなのは，組織内でエクスターナル・ブランディングとインターナル・ブランディングに関するセミナーやワークショップを開く際に，起こりうる社員の意識変化である。この際に重要なのは，社員間または部門間のソーシャル・キャピタルが構築できるように組織が積極的に働きかけるべきである。この取り組みの中でサーバント・リーダーシップ[2]を発揮させるべき人物は，外部のブランディングの専門家ではなく，将来組織内で活躍する自社ブランド推進プロジェクト・チームの若手次世代リーダー候補者であることが一番望ましい。すなわち，上から押しつける従来の支配型リーダーシップではなく，プロジェクト・チームのメンバー全員の状況や体調，心理面にもきめ細く気を配りつつ，チームを束ね指導するリーダーなのである。ここで注意すべき点は，プロジェクト・チームの次世代リーダーとしては，リーダーシップとコミュニケーション

能力による実績だけではなく，状況判断力にも長けており，自社のあらゆる部門の社員から厚い信頼を寄せられている人物を抜擢することである。この条件を満たさない人がリーダーになると，プロジェクト・チームの一貫性と方向性が明確に定められず，チームワークがおろそかになるおそれがあるからである。

《インターナル・ブランディングとコーポレート・ストーリーの活用》

　本書の鍵概念の１つである戦略的インターナル・ブランディングは，大企業だけではなく，中小企業も実行可能な企業変革の取り組みの１つである。インターナル・ブランディングは，全社員に向けて組織の中核的な価値観や企業変革の正当性を裏づける言葉や意味の伝達と共感を実現させるための取り組みだからである。そのため，全社を挙げて取り組む必要がある。この組織的な取り組みが成功したら，自社独自のコーポレート・ストーリーの１つとして企業を取り巻くあらゆるステークホルダーの間で語り継がれるようになる。こうしたコーポレート・ストーリーは，時間の経過とともに，彼らの心の中で好ましいコーポレート・イメージとして蓄積される。そのため，中小企業は，中長期的な視点からコーポレート・ストーリーを，戦略的インターナル・ブランディングや効果的なコミュニケーション・ツール[3]を通して，ステークホルダー個人またはグループ間に代々語り継がれるようなメッセージとして活用する価値がある。

　規模の大小を問わず，あらゆる企業には，自社ならではの独自性と世界観を表すコーポレート・ストーリーが必ず存在する。ここでいうコーポレート・ストーリーとは，「創業者・経営者，組織，社員，ブランド・ビジョン，成長戦略，顧客，製品・サービス，プログラムなどに関する物語の総称[4]」を指す。すなわち，創業者の起業に至るまでの強い想いをはじめ，現在の経営トップのリーダーシップ，組織独自の文化・中核的な価値観，

社員が抱く信念，顧客との関係性，革新的な製品・サービスなどに関する物語が，コーポレート・ストーリーを構成する要素として機能するといえる（徐・李 2022）。それゆえ，中小企業は，コーポレート・ストーリーの本質やメリットを明確に把握し，それをステークホルダーに伝え戦略的に活用することで，彼らの認識と行動の変化を促すことが可能になる。その際，コーポレート・ストーリーに対してステークホルダーが強く共感することが必要不可欠である。これにより，内部のステークホルダーに対しては，自分の仕事や業務活動のあり方を考え実行するうえでそれが重要な手がかりとなり，ユニークなアイデアの創出を促すことができる。また，その本質を深く理解すると同時に，社員のエンゲージメントの向上にも良い影響を与えることができる。外部のステークホルダーに対しては，自社ブランドを認知するきっかけを与えると同時に，自社ブランドのイメージを向上させ，間接的な購買意欲を促進することが可能となる。

したがって，中小企業は，競合他社に対して競争優位性を維持・獲得するために，ステークホルダーに対してコーポレート・ストーリーを効果的に伝え，共有させることがきわめて重要であるといえる。このときに，中小企業は，戦略的インターナル・ブランディングを通して，コーポレート・ストーリーからステークホルダーが強い共感を覚えられるように働きかけるべきである。これにより，ステークホルダーに対して説得力のある新しい視点をつくると同時に，組織の方向性や行動を強化するメッセージを創造することができる。今後，中小企業は，このようなコーポレート・ストーリーを戦略的メッセージとして，自社ブランドの存在価値をステークホルダーに明確に示すと同時に，競合他社に対して自社のポジションを確立し，ステークホルダーとの絆を深められるように効果的に活用しなければならない。

注

(1) 詳細な内容については，厚生労働省のウェブサイト（https://www.mhlw.go.jp/index.html）を参照されたい。

(2) サーバント・リーダーシップの詳細な内容については，Greenleaf（2002）著，金井訳（2008）を参照されたい。

(3) ここでいうコミュニケーション・ツールとは，ニュース記事，歴史上の出来事，伝記・自伝，成功事例に関する学術論文と書物，テレビ番組や映画，アニメーション，SNS での口コミ，企業の歴史を記録する記念館や博物館の写真と映像などを指す。

(4) 徐・李（2022），37頁。

あ と が き

　本書の構想から，執筆活動およびインタビュー活動，出版に至るまでに
6年以上の歳月がかかった。我々は，これまで多くの中小企業の経営者を
はじめ，実務家，マーケティング専門家やブランディングの専門家とのイ
ンタビューを通して，ビジネスの現場で起こるさまざまな課題，その解決
策に関する大変貴重な話を伺うことができた。そこで我々は，中小企業に
おけるブランディング，とりわけ，戦略的インターナル・ブランディング
の重要性に対する経営トップの不十分な認識とリーダーシップの不足を痛
感した。また，中小企業の経営幹部やミドル社員のほとんどは，それらに
対する意識すらなかったというのが実情である。さらに，彼らは，自分た
ちが行う日頃の業務活動と戦略的インターナル・ブランディングとの関連
性がほとんどないと認識していた。それにより，中小企業で戦略的インタ
ーナル・ブランディングの立案と実行を体系的かつ組織的に行うのはきわ
めて困難であった。

　上記の原因が重なって，中小企業はブランド弱者となり，それによる負
の連鎖（ブランド・バリア）をもたらすことになる。したがって，本書では，
中小企業が，ブランド弱者から抜け出し，ブランド強者へ漸進できるよう
戦略的インターナル・ブランディングに対する正しい捉え方，仕組み，普
遍的なプロセス，取り組み事例などを提示した。これは，単なるマーケテ
ィングやブランディングの枠を超え，経営戦略の中核となる戦略的かつ組
織的な取り組みである。

　最近，新型コロナウイルス感染症の影響により予測不可能の時代

（VUCA: Volatility, Uncertainty, Complexity, Ambiguity）といわれ，ますます経営環境が激変している。それに伴い，大企業だけではなく，中小企業も，業務変革の一環として，ICT を有効活用することで，市場の優位性を獲得する DX に注目し始めている。経済産業省（2020）は，日本の製造業の場合，企業変革力を強化するために，DX の推進が必要不可欠であると強調している。すなわち，日本の製造業は，IoT をはじめとするデジタル技術やツールを用いた顧客データの活用を拡大・迅速化させることで，生産性向上と新たな付加価値創出を実現できるように努めている。

　無論，中小企業も，オフラインの場とオンラインの場，それぞれのメリットを創発的な場としてバランスよく活用するのが最も望ましい。しかし，昨今，世界における新型コロナウイルス感染拡大によるテレワークを余儀なくされる企業も多く見られる。言い換えれば，あらゆる企業は，さまざまなデジタル技術を最大限に活用し，オンラインの場において経営と事業の変革を推進している。その際に，本書で提示した戦略的インターナル・ブランディングの正しい捉え方や仕組み，普遍的なプロセス，全社的な取り組み事例から学んだものを自社に置き換え再度吟味する必要がある。それに加えて，第 6 章で考察した ICT を活用した戦略的インターナル・ブランディングを推進する最も大きな原動力の 1 つとなる「ソーシャル・キャピタル」も再考し，有効活用する必要がある。たとえば，Web 会議やテレワークなどのオンラインの場においても社員同士または部門間，組織と社員間で健全なる人間関係を構築し，良質な信頼関係を確立し，長期的協力関係を促進させ，組織を束ね，効果的に動かすことで，自社らしい創造性を十分実現できるだろう。

　「企業の大量生産が主流だった従来のビジネス環境では，多くの社員の知性や創造性を活かすことは重要ではなく，トップダウンの命令と管理のマネジメント・スタイルがきわめて有効であった。しかし，近年の情報伝

達コストの低下による組織の分散化が進むと同時に，知識労働が経済を支配し，イノベーションの重要性が増すにつれて，多くの社員の真の知性と創造性を活用することがビジネスを成功させる最も重要な素質の1つとなるだろう」（Malone 2004）は，上記の問題意識を踏まえ，時代の急激な変化に伴い，21世紀型の最も望ましい組織のあり方として，自律分散型組織の重要性について以下のように強調している。ICT の進展や普及による情報伝達コストの低下は，自律分散型組織づくりを一層促進している。それを受け，近年，企業経営のあり方において，自己組織化，権限委譲，創発性，全員参加型，ティール型，ホラクラシーなどといった組織論における概念や考え方が重要視され始めている。ここでいう自律分散型組織は，本書で何度も強調した「ブランド創発型企業」における社員の自発性と創造性，意思決定の自由度をより一層向上させられる新たな組織形態である。

　今後，大企業だけではなく，中小企業も自律分散型組織を創る際に，自社ブランド独自の理念やビジョンから強い刺激と共感を得て，その体現におけるさまざまな経営課題に関わる多くの社員を意思決定に積極的に参加させることがきわめて重要である。それと同時に，自律分散型組織として成立させるためには，社員個々人が自ら考え自発的かつ創造的に行動できるように適切な権限を与えることで，さまざまな経営課題を解決できる人材を体系的に育成しなければならない。その場合においても，企業は，本書でくり返し強調した戦略的インターナル・ブランディングを通して，その優位性を確保できるのである。

　最後に，本書の執筆や出版にあたり，お世話になった方々にお礼を申し上げる。まず，筆者らが本書の構想にあたり，最も大きな影響を与えてくれた日本のブランド戦略論の第一人者である田中洋先生（中央大学大学院戦略経営研究科教授）に深く御礼を申し上げたい。田中洋先生は，本書で最も重要な「ブランド創発型企業」という概念を2012年に最初に提唱した方で

ある。この概念は，2014年，一般財団法人ブランド・マネージャー認定協会主催の第1回チームブランデング研究会で田中洋先生から初めて聞き，その考え方が強烈に記憶に残った。「ブランド創発型企業」を構築・強化するために必要不可欠な戦略的インターナル・ブランディングの概念に関する研究を具現化し始めたのは2016年に執筆した筆者らの共同論文である。その後の論文では，その考え方を中小企業に焦点を当てて理論的に考察を深め，中小企業の取り組みに関する事例研究に本腰を入れ始めた。

　また，第7章の執筆にあたり，インタビューおよび貴重な資料をご提供いただくなど，多大なるご協力をいただいた，株式会社イズアソシエイツ代表取締役兼一般財団法人ブランド・マネージャー認定協会代表理事である岩本俊幸氏をはじめ，株式会社オレンジフリー代表取締役兼一般財団法人ブランド・マネージャー認定協会マスタートレーナーである吉田ともこ氏，株式会社オレンジフリー専務取締役兼一般財団法人ブランド・マネージャー認定協会マスタートレーナーである蒲原くみ氏に，心より感謝申し上げたい。

　さらに，第8章の執筆にあたり，インタビューおよび貴重な資料をご提供いただくなど，多大なるご協力をいただいた，株式会社中島大祥堂代表取締役である中島慎介氏をはじめとする関係者の方々と一般財団法人ブランド・マネージャー認定協会ディレクター兼トレーナーである能藤久幸氏に，心より感謝申し上げたい。

　第9章のCEOブランドのあり方をはじめ，それがイノベーションと戦略的インターナル・ブランディングに与える影響に関する先進的取り組み事例の執筆に当たり，大きなインスピレーションや影響を与えてくれたAppleの共同創業者である故スティーブ・ジョブズ氏と本多プラス株式会社の代表取締役社長本多孝充氏に，厚く御礼申し上げたい。

　最後に，本書を企画・出版するにあたり，企画・編集にご尽力いただい

た中川勇士氏に深謝申し上げたい。

　　2022年 3 月

　　　　　　　　　　　　　　　　　　徐　誠敏・李　美善

参考文献

英語文献

Aaker, D. A. (1991). *Managing Brand Equity: Capitalizing on the Value of a Brand Name*. New York: Free Press. (陶山計介・中田善啓・尾崎久仁博・小林哲訳 (1994).『ブランド・エクイティ戦略：競争優位をつくりだす名前，シンボル，スローガン』東京：ダイヤモンド社).

──────── (1996). *Building Strong Brands*. New York: Free Press. (陶山計介・小林哲・梅本春夫・石垣智徳訳 (1997).『ブランド優位の戦略：顧客を創造する BI の開発と実践』東京：ダイヤモンド社).

──────── (2004). *Brand Portfolio Strategy*. New York: Free Press. (阿久津聡訳 (2005).『ブランド・ポートフォリオ戦略』東京：ダイヤモンド社).

──────── (2008). *Spanning Silos: The New CMO Imperative*. Boston: Harvard Business school Press. (大里真理子訳 (2009).『シナジー・マーケティング：部門間の壁を越えた全社最適戦略』東京：ダイヤモンド社).

──────── (2014). *Aaker on Branding: 20Principles That Drive Success*. New York: Morgan James Publishing. (阿久津聡訳 (2014).『ブランド論：無形の差別化をつくる20の基本原則』東京：ダイヤモンド社).

────────, & Joachimsthaler, F. (2000). *Brand Leadership Building Assets in the Information Society*. New York: Free Press. (阿久津聡訳 (2000).『ブランド・リーダーシップ：「見えない企業資産」の構築』東京：ダイヤモンド社).

────────, & Keller, K. L. (1993). Interpreting Cross-Cultural Replications of Brand Equity Research. *Journal of Research in Marketing, 10*, 61-75.

Aaker, J. L. (1997). Dimensions of Brand Personality. *Journal of Marketing Research. 34*(3), 347-356.

Abimbola, T. (2001). Branding as a Competitive Strategy for Demand Management in SMEs. *Journal of Research in Marketing & Entrepreneurship, 3*(2), 97-106.

────────, & Vallaster, C. (2007). Brand, Organisational Identity & Reputation in SMEs: An Overview. *Qualitative Market Research: An International Journal, 10*(4), 341-348.

Adler, P. S., & Kwon, S. (2002). Social Capital: Prospects for a new concept. *Academy of Management Review, 27*(1), 17-40.

Ahmed, P. K., & Rafiq, M. (2003). Internal Marketing Issues and Challenges. *European Journal of Marketing, 37*(9), 1177-1186.

Ahonen, M. (2008). Branding-does it even exist among SMEs ?. *Proceedings of the 16th Nordic Conference on Small Business Research,* 21st-23rd, Tallinn, Estonia.

Aish, E. M. A., Ennew, C. T., & McKechnie, S. A. (2003). A Cross-Cultural Perspective on the Role of Branding in Financial Services: The Small Business Market. *Journal of Marketing Management, 19*(9/10), 1021-1042.

Aurand, T. W., Gorchels, L., & Bishop, T. R. (2005). Human Resource Management's Role in Internal Branding: An Opportunity for Cross-Functional Brand Message Synergy. *Journal of Product and Brand Management, 14*(3), 163-169.

Baker, E. W. (2000). *Achieving Success Through Social Capital: Tapping the Hidden Resources in Your Personal and Business Networks.* San Francisco: Jossey-Bass. (中島豊訳 (2001).『ソーシャル・キャピタル:人と組織の間にある「見えざる資産」を活用する』東京:ダイヤモンド社).

Barnard, C. (1938). *The Functions of the Executive.* Cambridge: Harvard University Press. (山本安二郎・田杉競・飯野春樹訳 (1968).『新訳 経営者の役割』東京:ダイヤモンド社).

Barney, J. B. (2002). *Gaining and Sustaining Competitive Advantage.* 2nd ed. New Jersey: Prentice Hall. (岡田正大訳 (2003).『企業戦略論(上) 基本編:競争優位の構築と持続』東京:ダイヤモンド社).

Bartlett, C. A. & Ghoshal, S. (1997). *The Individualized Corporation: A Fundamentally New Approach to Management.* New York: Harper Business. (グロービス経営大学院訳 (2007).『【新装版】個を活かす企業:自己変革を続ける組織の変革』東京:ダイヤモンド社).

Bass, B. (1985). *Leadership and Performance Beyond Expectations.* New York: Free Press.

Bergstrome, A., Blumenthal, D., & Crothers, S. (2002). Why Internal Branding Matters: The Case of Saab. *Corporate Reputation Review, 5*(2/3), 133-142.

Berry, L. L. (2000). The Employee as Customer. *Journal of Retail Banking, 3*(1), 33-40.

————, & Lampo, S. S. (2004). Brand in Labour-Intensive Services. *Business*

Strategy Review, 15(1), 18-25.

Berthon, P., Ewing, M. T., & Napoli, J. (2008). Brand Management in Small to Medium-Sized Enterprises. *Journal of Small Business Management, 46*(1), 27-45.

Boatwright, P., Cagan, J., Kapur, D., & Saltiel, A. (2009). A Step-by-Step Process to Build Valued Brands. *Journal of Product and Brand Management, 18*(1), 38-49.

Boone, M. (2000). The Importance of Internal Branding. *Sales and Marketing Management, 152*(9), 36-38.

Boyle, E. (2003). A Study of Entrepreneurial Brand Building in the Manufacturing Sector in the UK. *The Journal of Product and Brand Management, 12*(2), 79-93.

Brandenburger, A. M., & Nalebuff, B. J. (1997). *Co-opetition: Competitive and Cooperative Business Strategies for the Digital Economy*. Doubleday Business. (嶋津祐一・東田啓作訳 (1997).『コーペティション経営：ゲーム論が事業を変える』東京：日本経済新聞社).

Bresciani, S., & Eppler, M. J. (2010). Brand new ventures? Insights on Start-ups' Branding Practices. *Journal of Product and Brand Management, 19*(5), 356-366.

Burmann, C., & Zeplin, S. (2005). Building Brand Commitment: A Behavioral Approach to Internal Brand Management. *Journal of Brand Management, 12*(4), 279-300.

————, & Riley, N. (2009). Key Determinants of Internal Brand Management Success: An Exploratory Empirical Analysis. *Journal of Brand Management, 16*(4), 264-284.

Cai, L. A., & Hobson, J. P. (2004). Making Hotel Brands Work in a Competitive Environment. *Journal of Vacation Marketing, 10*(3), 197-208.

Carson, D. (1990). Some Exploratory Models for Assessing Small Firms' Marketing Performance: A Qualitative Approach. *European Journal of Marketing, 24*(11), 8-51.

————, Cromie, S., McGowan, P., & Hill, J. (1995). *Marketing and Entrepreneurship in SME's: An Innovative Approach*. New York: Prentice-Hall.

Collis, D. J., & Montgomery, C. A. (1998). *Corporate Strategy: A Resource-Based Approach*. Boston: McGraw-Hill.

Culkin, N., & Smith, D. (2000). An Emotional Business: A Guide to Understanding the Motivations of Small Business Decision Takers. *Qualitative Market Research-An International Journal, 3*(3), 145-157.

Dandridge, T. C., Mitroff, I., & Joyce, W. F. (1980). Organizational Symbolism: A Topic to Expand Organizational Analysis. *Academy of Management Review, 5*(1), 77-82.

Davis, S. M. (2000). *Brand Asset Management: Driving Profitable Growth Through Your Brands.* New York: Jossey-Bass. (青木幸弘監訳 (2002).『ブランド資産価値経営：組織を束ね，収益性を高める成長戦略』東京：日本経済新聞社).

―――, & Dunn. M. (2002). *Building the Brand-Driven Business: Operationalize Your Brand to Drive Profitable Growth.* John Wiley & Son. (電通ブランド・クリエーション・センター訳 (2004).『ブランド価値を高めるコンタクト・ポイント戦略』東京：ダイヤモンド社).

de Chernatony, L. (2002). Would a Brand smell any sweeter by a Corporate Name?. *Corporate Reputation Review, 5*(2/3), 114-132.

―――, Drury, S., & Segal-Horn, S. (2003). Building a Service Brand: Stages, People and Orientations. *The Service Industries Journal, 23*(3), 1-21.

―――, & Segal-Horn, S. (2003). The Criteria for Successful Services Brands. *European Journal of Marketing, 37*(7/8), 1095-1118.

Dorothy, L., & Susaan, S. (1997). Putting Your Company's Whole Brain to Work, *Harvard Business Review, 75*(4), 111-121.

Drake, S. M., Gulman, M. J., & Roberts, S. M. (2005). *Light Their Fire: Using Internal Marketing to Ignite Employee Performance and Wow Your Customers.* Chicago: Dearborn.

Drucker, P. F. (1959). *Landmarks of Tomorrow: A Report on the New 'Post-Modern' World.* New York: Harper & Row.

Drucker, P. F. (1985). *Innovation and Entrepreneurship: Practice and Principles.* New York: Harper & Row. (上田惇生・佐々木実智男訳 (1985).『イノベーションと起業家精神：実践と原理』東京：ダイヤモンド社).

Edvinsson, L., & Malone, M. (1997). *Intellectual Capital; Realizing Your Company's True Value by Finding Its Hidden Brain Power.* New York: HaperCollins.

Einwiller, S., & Will, M. (2002). Towards an Integrated Approach to Corporate Branding: An Empirical Study. *Corporate Communications: An International Journal, 7*(2), 100-109.

Elsbach, K. D. (1999). An Expanded Model of Organisational Identification. *Research in Organisational Behaviour, 21*, 163-200.

Frank, B. G. J. M. K. (2005). Successful Brand Management in SMEs: A New Theory and Practical Hints. *Journal of Product and Brand Management, 14*(4), 228-238.

Freeman, R. E. (1984). *Strategic Management: A Stakeholder Approach.* Boston: Prentice Hall.

———— (2004). *A Stakeholder theory of the Modern Corporation,* in T. L. Beauchamp & N. E. Bowie (eds.), Ethical theory and Business, 7th ed., Upper Saddle River.

Greenleaf, R. K. (2002). *Servant Leadership: A journey into the Nature of Legitimate Power & Greatness.* New York/Mahwah, NJ: Paulist Press, 25TH Anniversary Edition. (金井壽宏監訳, 金井真弓訳 (2008). 『サーバント・リーダーシップ』東京：英治出版).

Gromark, J., & Melin, F. (2011). The Underlying Dimensions of Brand Orientation and Its Impact on Financial Performance. *Journal of Brand Management, 18*(6), 394-410.

Hamel, G., & Prahalad, C. K. (1989). Strategic intent. *Harvard Business Review, 89*(3), 63-76.

———— (1994). *Competing for the Future.* Boston: Harvard Business School Press. (一条和生訳 (1995). 『コア・コンピタンス経営：大競争時代を勝ち抜く戦略』東京：日本経済新聞社).

Hatch, M. J., & Schultz, M. (2008). *Taking Brand Initiative: How companies can align strategy, culture and Identity through corporate branding.* San Francisco: Jossey-Bass.

Helfat, C. E. (2007). Dynamic Capabilities: Foundations. in C. E. Helfat, S. Finkelstein, W. Mitchell, M. A., Peteraf, H. Singh, D. J. Teece, & S. G. Winter. *Dynamic Capabilities: Understanding Strategic Change in Organizations.* New Jersey: Blackwell Publishing.

Hilmi, A., Iman, S., Kadarsah, S., & Rajesri, G. (2009). Knowledge Sharing Behaviour, Antecedent and Their Impact on the Individual Innovation Capability. *Journal of Applied Sciences Research, 5*(12), 2238-2246.

Hollis, N. (2008). *The Global Brand: How to Create and Develop Lasting Brand Value in the World Market.* New York: Palgrave Macmillan.

Holverson, S., & Revaz, F. (2006). Perceptions of European Independent Hoteliers:

Hard and Soft Branding Choices. *International Journal of Contemporary Hospitality Management, 18*(5), 398-413.

Hong, L. C., & Kaur, S. (2008). A Relationship between Organizational Climate, Employee Personality and Intention to Leave. *International Review of Business Research Papers, 4*(3), 1-10.

Hong, P. T. T., & Diep, D. K. Q. (2016). The Influence of Branding Management on Business Performance: An Empirical Evidence from Vietnamese Food and Beverage Industry. *International Journal of Business Administration, 7*(3), 36-43.

Ind, N. (2001). *Living the Brand: How to Transform Every Member of Your Organization into a Brand Champion.* New York: Kogan Page.

Inskip, I. (2004). Corporate branding for Small to Medium-Sized Businesses: A Missed Opportunity or An Indulgence. *Journal of Brand Management, 11*(5), 358-365.

Jacobs, R. (2003). Turn Employees into Brand Ambassador. *ABA Bank Marketing, 35*(3), 23-26.

Juntunen, M., Saraniemi, S., Halttu, M., & Tahtinen, J. (2010). Corporate Brand Building in Different Stages of Small Business Growth. *Journal of Brand Management, 18*(2), 115-133.

Kahney, L. (2008). *Inside Steve's Brain.* New York: Portfolio. (三木俊哉訳 (2008). 『スティーブ・ジョブズの流儀』東京：ランダムハウス講談社).

Kanter, R. M. (2001). *EVOLVE: Succeeding in the Digital Culture of Tomorrow.* Boston: Harvard Business School Press. (内山悟志・櫻井祐子訳 (2001). 『企業文化の e 改革：進化するネットビジネス型組織』東京：翔泳社).

Kapferer, J. N. (2000). *Remarques-Les Marques à l'épreuve de la pratique.* Paris: Editions d'Organisation. (博報堂ブランド・コンサルティング監訳 (2004). 『ブランド・マーケティングの再創造』東京：東洋経済新報社).

Keller, K. L. (1993). Conceptualizing, Measuring, and Managing Customer-Based Brand Equity. *Journal of Marketing, 57*(1), 1-22.

——— (1998). *Strategic Brand Management.* New York: Prentice-Hall. (恩蔵直人・亀井昭宏訳 (2000). 『戦略的ブランド・マネジメント』東京：東急エージェンシー).

——— (2003). *Strategic Brand Management: Best Practice in Branding Cases.* 2nd Edition. New York: Prentice-Hall. (恩蔵直人研究室訳 (2003). 『ケラーの戦略的ブラ

ンディング』東京：東急エージェンシー）.

—— (2009). Building Strong Brands in a Modern Marketing Communication Environment. *Journal of Marketing Communications, 15*(2/3), 139-155.

Khan, M. B. (2009). Internal Branding: Aligning Human Capital Strategy with Brand Strategy. *Journal of Brand Management, 6*(2), 22-36.

Kimpakorn, N., & Tocquer, G. (2009). Employees' Commitment to Brands in the Service Sector: Luxury Hotel Chains in Thailand. *Journal of Brand Management, 16*(8), 532-544.

—— (2010). Service Brand Equity and Employee Brand Commitment. *Journal of Services Marketing, 24*(5), 378-388.

Koehn, N. (2001). *Brand New: How Entrepreneurs Earned Consumers' Trust from Wedgwood to Dell*. Boston: Harvard Business School Press. (樫村志保訳 (2001). 『ザ・ブランド：世紀を超えた起業家たちのブランド戦略』東京：翔泳社).

Kollmann, T., & Suckow, C. (2007). The Corporate Brand Naming Process in the Net Economy. *Qualitative Market Research: An International Journal, 10*(4), 349-361.

Kotler, P. (1972). *Marketing Management: Analysis, Planning and Control*, 2nd ed., New York: Prentice-Hall.

Kotter, J. P. (1995). Leading Change: Why Transformation Efforts Fail. *Harvard Business Review, 73*(2), 59-67. (黒田由貴子訳 (2000). 「企業変革の落とし穴」『DAIMOND ハーバード・ビジネス・レビュー』27(10), 74-85).

—— (1996). *Leading Change*, Boston: Harvard Business School Press. (梅津祐良訳 (2002). 『企業変革力』東京：日経 BP).

——, & Cohen, D. S. (2002). *The Heart of Change: Real-Life Stories of How People Change Their Organizations*. Boston: Harvard Business School Press. (高遠裕子訳 (2003). 『ジョン・コッターの企業変革ノート』東京：日経 BP).

Krake, F. B. G. J. M. (2005). Successful Brand Management in SMEs: A New Theory and Practical Hints. *The Journal of Product and Brand Management, 14*(4), 228-238.

Litwin, G. H., & Stringer, R. A. Jr. (1968). *Motivation and Organizational Climate*, New York: Harvard Business School Press. (占部都美監訳, 井尻昭夫訳 (1974). 『経営風土』東京：白桃書房).

Lodish, L. M., & Mela, C. F. (2007). If Brands Are Built over Years, Why Are

They Managed over Quarters?. *Harvard Business Review, 85*(7/8), 104-112.

Mahnert, K. F., & Torres, A. M. (2007). The brand inside: The Factors of Failure and Success in Internal Branding. *Irish Marketing Review, 19*(1/2), 54-63.

Malmelin, N., & Hakala, J. (2009). Guided by the Brand: From Brand Management to Integrative Corporate Communication. *Business Strategy Series, 10*(5), 248-258.

Malone, T. W. (2004). *The Future of Work.* Boston: Harvard Business Press. (高橋則明訳 (2004). 『フューチャー・オブ・ワーク』東京：ランダムハウス講談社).

Maxwell, R., & Knox, S. (2009). Motivating Employees to "Live The Brand": A Comparative Case Study of Employer Brand Attractiveness within the Firm. *Journal of Marketing Management, 25*(9/10), 893-907.

Merrilees, B. (2007). A Theory of Brand-Led SME New Venture Development. *Qualitative Market Research: An International Journal, 10*(4), 403-415.

Miles, S. J., & Mangold, G. (2004). A Conceptualization of the Employee Branding Process. *Journal of Relationship Marketing, 3*(2/3), 65-87.

——— (2007). Growing the Employee Brand at ASI: A Case Study. *Journal of Leadership and Organizational Studies, 14*(1), 77-85.

Mitchell, C. (2002). Selling the Brand Inside. *Harvard Business Review, 80*(1), 99-105.

Mitchell, R., Hutchinson, K., & Quinn, B. (2013). Brand Management in Small and Medium-Sized (SME) Retailers: A Future Research Agenda. *Journal of Marketing Management, 29*(11/12), 1367-1393.

Montgomery, C. A. (2008). Putting Leadership Back into Strategy. *Harvard Business Review, 86*(1), 54-60. (松本直子訳 (2008). 「戦略は問題解決の道具ではない：戦略の核心」『DIAMOND ハーバード・ビジネス・レビュー』*33*(4), 54-64).

Mowle, J., & Merrilees, B. (2005). A Functional and Symbolic Perspective to Branding Australian SME Wineries. *Journal of Product and Brand Management, 14*(4), 220-227.

Muhammad, M. Z., Char, A. K., Yasoa, M. R. B., & Hassan, Z. (2010). Small and Medium Enterprises (SMEs) Competing in the Global Business Environment: A Case of Malaysia. *International Business Research, 3*(1), 66-75.

Nonaka, I. (1994). A Dynamic Theory of Organizational Knowledge Creation. *Organization Science, 5*(1), 14-37.

Norton, N., & Kaplan, D. (1996). *The Balanced Scorecard: Translating Strategy into Action.* New York: Harvard Business School Press.

Ojsalo, J., Nätti, S., & Olkkonen, R. (2008). Brand Building in Software SMEs: An Empirical study. *Journal of Product and Brand Management, 17*(2), 92-107.

Opoku, R. A., Abratt, R., Bendixen, M., & Pitt, L. (2007). Communicating Brand Personality: Are the Web Sites doing the Talking for food SMEs?. *Qualitative Market Research: An International Journal, 10*(4), 362-374.

Peters, T. J., & Waterman, R. H. (1982). *In search of Excellence: Lessons from America's Best-Run Companies.* New York: Harper and Raw.（大前研一訳 (1986).『エクセレント・カンパニー:超優良企業の条件』東京:講談社).

Petkova, A. P., Rindova, V. P., & Gupta, A. K. (2008). How can New Ventures Build Reputation? An Exploratory Study. *Corporate Reputation Review, 11*(4), 320-334.

Powell, S., & Ennis, S. (2007). Organisational Marketing in the Creative Industries. *Qualitative Market Research: An International Journal, 10*(4), 375-389.

Prusake, L. & Cohen, D. (2001). How to Invest in Social Capital, *Harvard Business Review, 79*(6), 86-93.（小林大克訳 (2001).「『見えざる資本』に投資するソーシャル・キャピタル:組織力の本質」『Diamond ハーバード・ビジネス・レビュー』26(8), 108-119).

Punjaisri, K., & Wilson, A. (2007). The Role of Internal Branding in the Delivery of Employee Brand Promise. *Journal of Brand Management, 15*(1), 57-70.

───── (2011). Internal Branding Process: Key Mechanisms, Outcomes and Moderating Factors. *European Journal of Marketing, 45*(9/10), 1521-1537.

─────, & Evanschitzky, H. (2009). Internal Branding to Influence Employees' Brand Promise Delivery: A Case Study in Thailand. *Journal of Service Management, 20*(5), 561-579.

Putnam, R. D., Leonardi, R., & Nanetti, R. Y. (1993). *Making Democracy Work: Civic Traditions in Modern Italy.* New Jersey: Princeton University Press.（河田潤一訳 (2001).『哲学する民主主義:伝統と改革の市民的構造』東京:NTT 出版).

Rekha, S. S., & Sasmita, M. (2019). Antecedents and Dimensions of Internal Branding: An Overview. *Revista Espacios, 40*(37), 1-28.

Rode, V., & Vallaster, C. (2005). Corporate Branding for Start-ups: The Crucial Role of Entrepreneurs. *Corporate Reputation Review, 8*(2), 121-135.

Santos-Vijande, M. L., Ana Belén del Río-Lanza, A. B., Suárez-Álvarez, L., Díaz-

Martín, A. M. (2013). The Brand Management System and Service Firm Competitiveness. *Journal of Business Research, 66*(2), 148-157.

Schultz, D. E. (2004). Building an internal marketing management calculus. *Interactive Marketing, 6*(2), 111-129.

Schumpeter, J. A. (1911). *The Theory of Economic Development.* US: Harvard University Press.

Sirota, D, Mischkind, L. A., & Meltzer, M. I. (2005). *The Enthusiastic Employee.* Wharton School Publishing. (スカイライト・コンサルティング訳 (2006). 『熱狂する社員:企業競争力を決定するモチベーションの3要素』東京:英治出版).

Smith, S., & Wheeler, J. (2002). *Managing the Customer Experience: Turning Customers into Advocates.* London: Financial Times Prentice Hall.

Spence, M., & Essoussi, H. L. (2010). SME Brand Building and Management: An Exploratory Study. *European Journal of Marketing, 44*(7/8), 1037-1054.

Stengel, J. (2011). *Grow: How Ideals Power Growth and Profit at the World's Greatest Companies.* New York: Crown Business. (池村千秋訳 (2013). 『本当のブランド理念について語ろう:「志の高さ」を成長に変えた世界のトップ企業50』東京:CCCメディアハウス).

Stobart, P. (1994). *Brand Power.* London: Macmillan Press. (岡田依里訳 (1996). 『ブランド・パワー:最強の国際商標』東京:日本経済評論社).

Thomson, K. (1998). *Emotional Capital: Capturing Hearts and Minds to Create Lasting.* Oxford: Capstone.

Tilles, S. (1963). How to Evaluate Corporate Strategy. *Harvard Business Review, 41*(4), 111-121.

Tosti, D. T., & Stoltz, R. D. (2001). Brand: Building Your Brand from the Inside Out. *Marketing Management, 10*(2), 27-33.

Ulrich, D., & Smallwood, N. (2004). Capitalizing on Capabilities. *Harvard Business Review, 82*(6), 119-127.

Upshaw, L. B. (1995). *Building Brand Identity: A Strategy for Success in a Hostile Marketplace.* New York: John Wiley and Sons.

Urde, M. (1999). Brand Orientation: A Mindset for Building Brands into Strategic Resources. *Journal of Marketing Management, 15*(1/3), 117-133.

Vallaster, C., & de Chernatony, L. (2005). Internationalization of Services Brands: The Role of Leadership During the Internal Brand Building Process. *Journal of*

Marketing Management, 21(1), 181-203.

――――― (2006). Internal Brand Building and Structuration: The Role of Leadership. *European Journal of Marketing, 40*(7/8), 761-784.

Wise, R., & Zednickova, J. (2009). The Rise and Rise of the B2B Brand. *Journal of Business Strategy, 30*(1), 4-13.

Wong, H. Y., & Merrilees, B. (2005). A Brand Orientation Typology for SMEs: A Case Research Approach. *Journal of Product and Brand Management, 14*(3), 155-162.

Yakhlef, A., and Maubourguet, F. (2004). The Lexus and the Olive Tree: A Rising Mode of Internalisation. *International Journal of Entrepreneurial Behaviour and Research, 10*(3), 192-205.

日本語文献

阿久津聡 (2003).「ブランド価値経営の本質」『一橋ビジネスレビュー』*51*(3), 66-85.

――――― (2004).「ブランディング・ケイパビリティ:強いブランドを構築する組織能力」青木幸弘・恩蔵直人編著『製品・ブランド戦略』東京:有斐閣, 227-262.

――――― ・勝村史昭 (2016).「組織力強化プロセスとしての企業ブランディングとその効果」『マーケティングジャーナル』*36*(1), 5-26.

――――― ・野中郁次郎 (2001).「ソニーのブランド戦略に見るブランド知識創造のケイパビリティ」『Diamond ハーバード・ビジネス・レビュー』*26*(8), 173-186.

アメリカ・マーケティング協会のウェブサイト
　https://www.ama.org/the-definition-of-marketing-what-is-marketing/

伊丹敬之 (1987).『人本主義企業:変わる経営 変わらぬ原理』東京:筑摩書房.

――――― (1999).『場のマネジメント:経営の新パラダイム』東京:NTT 出版.

――――― (2004a).『経営戦略の論理 (第 3 版)』東京:日本経済新聞社.

――――― (2004b).『見えざる資産の戦略と論理』東京:日本経済新聞社.

――――― (2005).『場の論理とマネジメント』東京:東洋経済新報社.

伊藤邦夫 (2002).「隠れた競争優位の源泉を可視化するコーポレート・ブランドの評価と戦略モデル」『DIAMOND ハーバード・ビジネス・レビュー』*27*(3), 38-53.

一般財団法人ブランド・マネージャー認定協会 (2015).『社員をホンキにさせるブランド構築法』東京:同文舘出版.

内野崇 (2006).『変革のマネジメント:組織と人をめぐる理論・政策・実践』東京:生産性出版.

大月博司（2005）．『組織変革とパラドックス（改訂版）』東京：同文舘出版．

小川孔輔（1994）．『ブランド戦略の実際』東京：日本経済新聞社．

恩蔵直人（2007）．『コモディティ化市場のマーケティング論理』東京：有斐閣．

加護野忠男（1988）．『組織認識論：企業における創造と革新の研究』東京：千倉書房．

片平秀貴（1998）．『パワー・ブランドの本質：企業とステークホルダーを結合させる「第五の経営資源」』東京：ダイヤモンド社．

─────・古川一郎・阿部誠（2003）．『超顧客主義：顧客を超える経営者たちに学ぶ』東京：東洋経済新報社．

カナダ・マーケティング協会のウェブサイト
https://brand-matters.com/downloads/InternalBrandingHR08.pdf

経済産業省のウェブサイト　https://www.meti.go.jp/policy/it_policy/dx/dx.html

小林哲・高嶋克義（2005）．「組織行動がブランド・マネジメントに与える影響：資源ベース理論の適用可能性に関する考察」『マーケティングジャーナル』25(2), 20-37．

榊原清則（2002）．『経営学入門（上）』東京：日本経済出版．

清水龍瑩（1983）．『経営者能力論』東京：千倉書房．

杉山泰一（2006）．「これが定石だ：現場力の鍛え方　企画段階から全社員を巻き込め」『日経情報ストラテジー』170, 6月号, 135-137．

徐誠敏（2007）．「企業ブランド研究の現状と課題」『企業研究（中央大学研究所）』11, 209-239．

─────（2008a）．「企業ブランド・マネジメントの深層的なメカニズムに関する理論的研究：統合的な視点を中心として」『企業研究（中央大学研究所）』13, 21-51．

─────（2008b）．「インターナル・ブランディングの戦略的活用方法に関する研究：企業ブランドの形成・定着を中心として」『大学院研究年報（中央大学商学研究科）』38, 21-38．

─────（2010a）．『企業ブランド・マネジメント戦略：CEO・企業・製品間のブランド価値創造のリンケージ』東京：創成社．

─────（2010b）．「企業ブランド研究の現状と課題：日・韓企業の全社横断的企業ブランド・マネジメント専門組織を中心として」『富士ゼロックス　小林節太郎記念基金2008年度研究助成論文』, 1-57．

─────（2012）．「先進国市場と新興国市場におけるサムスン電子の躍進要因に関する研究：デザイン力，グローバル・マーケティング力，グローバル・ブランド力の革新期に着目して」『富士ゼロックス　小林節太郎記念基金2009年度研究助成論文』, 1-36．

─────（2014a）．『中小企業にも適用可能なインターナル・ブランディングの戦略的

取り組み事例＆韓国企業の成功事例から学ぶグローバル・マーケティング戦略』東京：東洋出版.

─────(2014b).「グローバル・ブランド構築の戦略的要因：サムスン電子の5つの革新期を超えて」田中洋編『ブランド戦略全書』東京：有斐閣，237-257.

─────(2016).「不況でも勝ち続ける日本の中小製造企業の「ものづくり競争力」と「市場づくり競争力」のバランス戦略：本多プラスの5つの革新期に着目して」『経済経営論集（名古屋経済大学）』23(2)，49-67.

─────(2018a).「需要探索型イノベーションの視点から捉えるブランドづくりに関する研究：日米韓グローバル企業の先進的な取り組み事例を中心に」『商学論纂（中央大学）』59(3・4)，141-171.

─────(2018b).「情報化社会における産業と情報通信技術（ICT）を活用する職業に関する事例研究」『名古屋経済大学教職支援室報』1，277-292.

徐誠敏・李美善（2015).「地域専門家制度から見たサムスン電子のグローバル・マインドセット構築戦略：複眼的・多角的な視点による考察を中心に」『経済経営論集（名古屋経済大学）』32(1)，11-26.

─────(2016).「『ブランド創発型企業（Brand-Inspired Company)』を構築・強化するための戦略的なインターナル・ブランディングに関する研究」『経済経営論集（名古屋経済大学）』24(1)，13-28.

─────(2017).「包括的な観点から捉える需要探索型イノベーションに関する事例研究：戦略的優位性に着目して」『経済経営論集（名古屋経済大学）』25(1)，21-34.

─────(2018).「中小企業がブランド創発型企業を構築するための基盤づくりに関する理論的考察」『経済経営論集（名古屋経済大学）』26(1)，18-31.

─────(2019a).「中小企業のブランディング戦略の実行課題とその解決策に関する研究：(財)ブランド・マネージャー認定協会の事例を中心に」『経済経営論集（名古屋経済大学）』26(2)，29-41.

─────(2019b).「中島大祥堂のブランディングとインターナル・ブランディング戦略実行の阻害要因を克服するための戦略的な取り組みに関する研究：5つの企業競争力の発展プロセスに着目して」『経済経営論集（名古屋経済大学）』27(1)，9-22.

─────(2019c).「ブランド創発型企業を構築・強化するための戦略的なインターナル・ブランディングに関する研究：中小企業の視点を中心に」『国際ビジネスコミュニケーション学会研究年報』78，89-96.

─────(2020a).「企業変革を推進するための戦略的インターナル・ブランディングの普遍的なプロセス：Kotterの8段階プロセスの視点に着目して」『経済経営論集

（名古屋経済大学）』*27*(2)，23-34.

──── (2020b)．「CEO ブランドがイノベーションと戦略的インターナル・ブランディングに与える影響に関する一考察」『経済経営論集（名古屋経済大学）』*28*(1)，18-28.

──── (2021)．「ウィズコロナ時代における ICT を活用した戦略的インターナル・ブランディングの実行を促す要因に関する研究：「ソーシャル・キャピタル」の視点に着目して」『経済経営論集（名古屋経済大学）』*29*(1)，9-19.

──── (2022)．「コーポレート・ストーリーの戦略的要素とコーポレート・ストーリーテリングの競争優位性」『経済経営論集（名古屋経済大学）』29(2)，36-48.

DIAMOND ハーバード・ビジネス・レビュー編集部訳 (2005)．『「ブランディング」は組織力である』東京：ダイヤモンド社.

高柳直弥 (2016)．「インターナル・ブランディングの包括的なプロセスに関する一考察」『経営研究』*66*(4)，235-253.

竹村正明 (2000)．「ブランド・マネジメント組織は，なぜむずかしいか」『マーケティングジャーナル』*19*(4)，39-49.

田中洋 (2012)．『ブランド戦略・ケースブック：ブランドはなぜ成功し，失敗するのか』東京：同文舘出版.

──── (2017)．『ブランド戦略論』東京：有斐閣.

電通インナーブランディングチーム・桑畑英紀 (2011)．『自分ゴト化：社員の行動をブランディングする』東京：ファーストプレス.

西川幸孝 (2011)．『小さくても「人」が集まる会社：有益人材集団をつくる「採用マネジメント力」』東京：日本経済新聞出版社.

西村孝史・金マリナ (2010)．「企業内ソーシャル・キャピタルの形成要因：『社交意識と互酬・贈与の実態に関する調査』の再分析」『社会科学研究』(23)，51-71.

ニーチェ・フリードリヒ，白取春彦編訳 (2010)．『超訳 ニーチェの言葉』東京：ディスカヴァー・トゥエンティワン.

野中郁次郎 (2002)．「企業の知識ベース理論の構想」『組織科学』*36*(1)，4-13.

──── (2017)．『知的機動力の本質：アメリカ海兵隊の組織論的研究』東京：中央公論新社.

──── ・紺野登 (2002)．「ナレッジ・ブランディング：「知識創造」からの，ブランド論」『アドバタイジング』*6*，36-51.

──── ・竹内弘高 (1996)．『知識創造企業』東京：東洋経済新報社.

原岡一馬・若林満 (1993)．『組織コミュニケーション：個と組織との対話』東京：福村

出版.

福間隆康（2006）.「組織風土研究の発展の歴史：組織風土と組織文化の比較」『広島大学マネジメント研究』*6*, 1-19.

藤本隆宏（2003）.『能力構築競争：日本の自動車産業はなぜ強いのか』東京：中央公論社.

牧口松二（2002）.「インターナル・ブランディング：社内へのブランド浸透の方法論とその重要性」『日経広告研究所報』*206*, 31-37.

宮下充志（2012）.『ブランディング7つの原則：欧米トップ企業の最先端ノウハウ』東京：日本経済新聞出版社.

茂木健一郎（2009）.『セレンディピティの時代：偶然の幸運に出会う方法』東京：講談社.

森永泰史（2008）.「コーポレート・ブランド戦略の実行阻害要因とその解決策に関する研究」『北海学園大学経営論集』*6*(1), 1-48.

韓国語文献

김성재 (2006). 『현대 브랜드 경영 전략：이론과 실제』 교보문고. （キムソンジェ（2006）.『現代ブランド経営戦略：理論と実践』教保文庫）.

이유재・라선아 (2004). 「내부 브랜딩：내부 고객의 브랜드 동일시가 내부 고객만족과 CS 활동에 미치는 영향」『마케팅연구』*19*(3), 81-112. （イユジェ・ラソンナ（2004）.「内部ブランディング：内部顧客のブランド・アイデンティティが内部顧客満足とCS活動に与える影響」『マーケティング研究』*19*(3), 81-112）.

신형원 (2009). 「브랜드 약자의 브랜드 전략：중소기업의 사례를 중심으로」『삼성경제연구소』2월호 Issue Paper, 11-43. （シンヒョンウォン（2009）.「ブランド弱者のブランド戦略：中小企業の事例を中心に」『サムスン経済研究所』2月号 Issue Paper, 11-43頁）.

ドイツ語文献

Esch, F. R., Tomczak, T., Kernstock, J., Langner, T., Redler, J. (2004). *Corporate Brand Management: Marken als Anker strategischer Führung von Unternehmen.* Springer Gabler.

人名，企業・組織／団体・ブランド名索引

事項索引

244

《著者紹介》

徐　誠敏 （ソ・ソンミン）

韓国生まれ

中央大学大学院商学研究科博士後期課程修了（商学博士）。

現在　名古屋経済大学経営学部准教授。

一般財団法人ブランド・マネージャー認定協会アドバイザー。

専門　マーケティング論，企業ブランド・マネジメント論

主著　『企業ブランド・マネジメント戦略：CEO・企業・製品間のブランド価値創造のリンケージ』（単著）創成社，2010年。

『国家ブランディング：その概念・論点・実践』（共訳）中央大学出版部，2014年。

『ブランド戦略全書』（共著）有斐閣，2014年。ほか

李　美善 （イ・ミスン）

韓国生まれ

名城大学大学院経営学研究科博士後期課程修了。博士（経営学）。

現在　名古屋経済大学経営学部准教授。

専門　経営学，経営戦略，国際経営

主著　『新版経営から視る現代社会』（共著）文眞堂，2014年。

『21世紀ICT企業の経営戦略：変貌する世界の大企業体制』（共著）文眞堂，2017年。

「ブランド創発型企業を構築するための戦略的なインターナル・ブランディングに関する研究：中小企業の視点を中心に」『国際ビジネスコミュニケーション学会研究年報』（共著）第78号，2019年。

ブランド弱者の戦略

――インターナル・ブランディングの理論と実践――

2022年 6 月20日　初版第 1 刷発行　　　　　　　　　〈検印省略〉

定価はカバーに
表示しています

著　　者	徐		誠	敏
	李		美	善
発 行 者	杉	田	啓	三
印 刷 者	江	戸	孝	典

発行所　株式
　　　　会社　ミネルヴァ書房

607-8494 京都市山科区日ノ岡堤谷町 1
電 話 代 表　(075)581-5191
振 替 口 座　01020-0-8076

ISBN978-4-623-09399-1

Printed in Japan

経営学入門キーコンセプト

― 井原久光編著　平野賢哉・菅野洋介・福地宏之著　A5判 296頁 本体2500円

●これから経営学を学ぶ人にやさしい解説書。最低限必要な経営学関連の，厳選された88項目のキーコンセプトを図表の入った見開き2ページで構成，見やすく分かりやすく解説する。辞書機能を備えたキーワード集（約900項目）も充実。

シリーズ・ケースで読み解く経営学 2

実践的グローバル・マーケティング

大石芳裕著　四六判 268頁 本体2000円

●こうすれば海外事業展開で成功する‼
「ものづくり」にこだわる日本企業が，ライバルの多い世界の市場に参入するためには，「グローバル・マーケティング」は欠かせない。製品を「誰に，何を，どのように」売っていくのかを戦略的に考えるためのノウハウを，ヤクルト，ハウス食品，コマツなど，世界市場においてもブランドを確立している企業のマーケティングにおける成功事例を通じて紹介していく。

サービス・マーケティング概論

神原　理編著　A5判 244頁 本体2800円

●サービス・マーケティングの基礎的な概念や理論を紹介するとともに，サービスの生産から消費に至るまでのプロセスを包括的な視点で解説。スポーツビジネスやNPOのサービスなどケーススタディも充実した役立つ教科書。

コトラーのソーシャル・マーケティング──地球環境を守るために

── フィリップ・コトラー／ダグ・マッケンジー＝モーア／ナンシー・R.リー／
P. ウェスリー・シュルツ著　松野　弘監訳　A5判 346頁 本体3000円

●おいしい水も，省エネも，プラごみ処理も解決へ！　企業や地方自治体が主役のケーススタディ満載。家庭でも，地域社会，企業においてもぜひ取り組みたい地球環境を守る活動。廃棄物の削減や省エネルギー，水質保全などでいかに周囲の共感を創り，参加者を増やして成果を上げるか。成否の鍵となる，ソーシャル・マーケティングの手法を豊富な事例とともに紹介する。

── ミネルヴァ書房 ──

https://www.minervashobo.co.jp/